WESTEND

Arthur Ponsonby

Lügen in Kriegszeiten

Kritische Betrachtungen

WESTEND

Arthur Ponsonby (1871-1946) war britischer Staatsbeamter, Politiker, Schriftsteller und Pazifist. Nachdem er 1908 zunächst als Mitglied der »Liberal Party« in das Unterhaus einzog, gründete er 1914 die »Union of Democratic Control« (UDC). Ziel dieser Vereinigung war es, auf eine verantwortungsvollere Außenpolitik zu drängen und sich gegen den militärischen Einfluss auf Regierungen einzusetzen. Von 1934 bis 1937 war Ponsonby zudem Vorsitzender der »War Resisters International«, einem 1921 gegründeten, weltweit agierenden Netzwerk von Antimilitaristen.

Die Originalausgabe erschien 1928 unter dem Titel »Falsehood in War-Time: Containing an Assortment of Lies Circulated Throughout the Nations During the Great War« bei Garland Publishing Company, London.
Aus dem Englischen von Lena Gundrum und Charlyne Huckins.

Mehr über unsere Autor:innen und Bücher:
www.westendverlag.de

Die Deutsche Nationalbibliothek verzeichnet diese Publikation in der Deutschen Nationalbibliografie; detaillierte bibliografische Daten sind im Internet über http://dnb.d-nb.de abrufbar.

ISBN: 978-3-86489-387-2
Neuausgabe 2022

Satz: Publikations Atelier, Dreieich
Umschlaggestaltung: Johannes Bröckers
Druck und Bindung: CPI – Clausen & Bosse, Leck
Printed in Germany

»Eine Lüge wird niemals alt.«

– Sophokles

»Wenn ein Krieg erklärt wird, ist die Wahrheit das erste Opfer.«
»Kommt der Krieg ins Land. Gibt Lügen wie Sand.«
»Sie werden feststellen, dass Kriege durch eine Klasse von Argumenten unterstützt wird, die die Menschen nach dem Krieg als Argumente ansehen, auf die sie hätten hören sollen.«

– John Bright

»In der Arena der internationalen Rivalität und des Konflikts haben die Menschen den Patriotismus als unverzichtbare Tugend der Staatsmänner über die Wahrhaftigkeit gestellt.«

– Stanley Baldwin

»Es ist einfacher, mit Lügen Geld zu verdienen als mit der Wahrheit. Die Wahrheit hat nur eine Kraft: Sie kann Seelen entzünden. Aber schließlich ist eine Seele eine größere Kraft als eine Menschenmenge.«

– G. Lowes Dickinson

»Und als der Krieg kam, erzählten wir der Jugend, die uns aus ihm herausholen musste, Lügenmärchen darüber, was er wirklich ist und zu welchen Kleeblättern er führt.«

– J. M. Barrie

Inhalt

Die zehn Prinzipien der Kriegspropaganda 9

Einleitung 11

1. Das Bündnis mit Frankreich 26
2. Serbien und die Ermordung des Erzherzogs 37
3. Der Einmarsch in Belgien als Ursache des Ersten Weltkriegs 43
4. Deutschlands Alleinschuld am Krieg 50
5. Der Durchmarsch russischer Truppen durch Großbritannien 55
6. Die verstümmelte Krankenschwester 58
7. Der verbrecherische Kaiser 61
8. Der belgische Säugling ohne Hände 67
9. Das Altarbild aus Löwen 72
10. Die verächtliche kleine Armee 73
11. Deutschland über alles 77
12. Das Baby von Courbeck Loo 79
13. Der gekreuzigte Kanadier 80
14. Die Erschießung des Französlings 83
15. Die Briefmarkensammlung vom kleinen Alf 86
16. Der tätowierte Mann 87

17. Die Leichenfabrik 90
18. Der Brief des Bischofs von Sansibar 101
19. Der deutsche U-Boot-Skandal 103
20. Konstantinopel 106
21. Die »Lusitania« 108
22. Bericht über ein abgebrochenes Treffen 113
23. Gräuelgeschichten 115
24. Fake-Fotos 122
25. Die Fälschung von amtlichen Dokumenten 127
26. Heuchlerische Empörung 132
27. Andere Lügen 138
28. Die Produktion von Nachrichten 147
29. Kriegsziele 148
30. Ausländische Lügen 153
(a) Deutschland 153
(b) Frankreich 161
(c) Die Vereinigten Staaten 164
(d) Italien 170

Nachbemerkung 175

Die zehn Prinzipien der Kriegspropaganda

Die Historikerin Anne Morelli hat die im Folgenden dargestellten Propagandatechniken analysiert und in zehn Punkten zusammengefasst. (Siehe: Anne Morelli: *Die Prinzipien der Kriegspropaganda*, 2004)

1. Wir wollen keinen Krieg
2. Das feindliche Lager trägt die alleinige Schuld am Krieg
3. Der Feind hat dämonische Züge
4. Wir kämpfen für eine gute Sache und nicht für eigennützige Ziele
5. Der Feind begeht mit Absicht Grausamkeiten. Wenn uns Fehler unterlaufen, dann nur versehentlich
6. Der Feind verwendet unerlaubte Waffen
7. Unsere Verluste sind gering, die des Gegners aber enorm
8. Unsere Sache wird von Künstlern und Intellektuellen unterstützt
9. Unsere Mission ist heilig
10. Wer unsere Berichterstattung in Zweifel zieht, ist ein Verräter

Einleitung

Das Ziel dieses Bandes ist es weder, neue Vorwürfe gegen Behörden oder Einzelperson zu erheben, noch eine Nation mehr als eine andere der Täuschung zu bezichtigen.

Unwahrheiten sind eine anerkannte und extrem nützliche Waffe bei der Kriegsführung und jedes Land setzt sie bewusst ein, um die eigene Bevölkerung zu täuschen, Neutrale anzuziehen und den Feind in die Irre zu führen. Die unwissenden und unschuldigen Massen in jedem Land sind sich zu der Zeit nicht bewusst, dass sie getäuscht werden, und wenn alles vorbei ist, werden die Unwahrheiten nur vereinzelt erkannt und aufgedeckt. Da alles in der Vergangenheit liegt und die Geschichten und Stellungnahmen den gewünschten Effekt bereits erzielt haben, macht sich niemand die Mühe, die Fakten zu untersuchen und die Wahrheit offenzulegen.

Wie wir alle wissen, wird nicht nur in Kriegszeiten gelogen. Der Mensch, so wurde gesagt, ist kein »wahrheitsliebendes Tier«, doch ist seine Gewohnheit zu lügen nicht annähernd so außergewöhnlich wie seine erstaunliche Bereitschaft zu glauben. Tatsächlich ist es die menschliche Leichtgläubigkeit, die Lügen aufblühen lässt. Doch in Kriegszeiten wird die maßgebliche Organisation der Lüge nicht ausreichend anerkannt. Die Täuschung ganzer Völker ist keine Angelegenheit, die auf die leichte Schulter genommen werden kann.

Daher kann im Zeitraum des sogenannten Friedens eine Warnung, die die Menschen in aller Ruhe prüfen können, nützlich sein, dass die Behörden jedes Landes zu dieser Methode greifen, sogar greifen müssen, um sich erstens selbst zu rechtfertigen, indem sie den Feind als reinen Verbrecher darstellen, und um zweitens die Leidenschaft des Volkes hinlänglich zu entfachen, um Rekruten für die Fortsetzung des Kampfes zu gewinnen. Sie können es sich nicht leisten, die Wahrheit zu sagen. In manchen Fällen muss sogar zugegeben werden, dass sie zu dem Zeitpunkt nicht einmal wissen, was die Wahrheit ist.

Der psychologische Faktor im Krieg ist genauso wichtig wie der militärische Faktor. Die Moral der Zivilisten muss, genau wie die der Soldaten, aufrechterhalten werden. Die Kriegsämter, Marine- und Luftfahrtministerien kümmern sich um die militärische Seite. Für die psychologische Seite müssen Abteilungen gebildet werden. Die Menschen dürfen unter keinen Umständen ihren Mut verlieren; daher müssen Siege überhöht und Niederlagen, falls nicht vertuscht, um jeden Preis heruntergespielt werden, und Empörung, Entsetzen und Hass müssen durch »Propaganda« gewissenhaft und fortlaufend in das Bewusstsein der Öffentlichkeit gebracht werden.

Wie Mr. Bonar Law in seinem Interview mit der *United Press of America* in Bezug auf Patriotismus sagte: »Es ist gut, wenn es durch deutsche Schrecklichkeit ordentlich aufgerührt wird« und eine Art allgemeine Bestätigung der Gräueltaten wird durch vage Formulierungen gegeben, die der Verantwortung für die Glaubwürdigkeit jeder einzelnen Geschichte ausweichen, wie als Mr. Asquith sagte: »Wir werden diese schreckliche Geschichte von kalkulierter Grausamkeit und Verbrechen nicht vergessen.« (House of Commons, 27. April 1915)

Der Einsatz der Waffe der Unwahrheiten ist in einem Land, in dem die Wehrpflicht nicht im Gesetz verankert ist, notwendiger als in Ländern, in denen alle Männer der Nation automatisch in die Armee, die Marine oder die Luftwaffe eingezogen werden. Die Öffentlichkeit kann durch trügerische Scheinideale emotional aufgewühlt werden. Eine Art kollektive Hysterie verbreitet und steigert sich, bis sie schließlich die Überhand über nüchterne Menschen und seriöse Zeitungen gewinnt.

Mit einer Warnung vor Augen ist die Allgemeinheit vielleicht eher auf der Hut, wenn die Kriegswolke das nächste Mal am Horizont erscheint, und weniger geneigt, die Gerüchte, Erklärungen und Behauptungen, die für ihren Konsum verbreitet werden, als Wahrheit zu akzeptieren. Sie sollte sich bewusst machen, dass eine Regierung, die sich dazu entschieden hat, sich auf die gefährliche und schreckliche Unternehmung des Krieges einzulassen, von vornherein eine einseitige Argumentation zur Rechtfertigung ihres Handelns vorlegen muss und es sich nicht leisten kann, dem Volk, gegen das sie zu kämpfen beschlossen hat, in irgendeinem Punkt auch nur das geringste Maß an Recht oder Vernunft zuzugestehen. Tatsachen müssen verdreht, wichtige Sachverhalte verheimlicht und ein Bild muss präsentiert werden, das die unwissenden Menschen durch seine grobe Färbung davon überzeugt, dass ihre Regierung schuldlos, ihre Gründe rechtmäßig und die unbestreitbare Bosheit des Feindes zweifellos bewiesen ist. Ein kurzer Moment des Nachdenkens würde jede vernünftige Person davon überzeugen, dass solch eine offensichtliche Einseitigkeit nicht der Wahrheit entsprechen kann. Aber ein kurzes Nachdenken ist nicht erlaubt; Lügen werden mit großer Schnelligkeit verbreitet. Die gedankenlose Masse nimmt sie an und ihre Aufregung beeinflusst das Übrige. Die Menge an Unsinn und Schwindel, die in Kriegszeiten in allen Ländern unter dem Namen des Patriotismus verbreitet wird, reicht aus, um anständige Menschen erröten zu lassen, wenn sie nachträglich ihre Illusionen verlieren.

Die feierlichen Beteuerungen der Monarchen und führenden Staatsmänner jeder Nation, sie wollten keinen Krieg, müssen von vorneherein mit den Erklärungen von Menschen auf eine Stufe gestellt werden, die Petroleum in dem Wissen in ein Haus schütten, dass sie ständig Streichhölzern entzünden, und trotzdem behaupten, sie wollten keinen Großbrand verursachen. Dieser Form der Selbsttäuschung, die die Täuschung anderer einschließt, ist von Grund auf unehrlich.

Da Krieg eine anerkannte Maßnahme ist, auf die zurückgegriffen wird, wenn Regierungen miteinander in Konflikt geraten, sind die Menschen mehr oder weniger darauf vorbereitet. Sie machen sich bereitwillig etwas vor, um ihre eigenen Handlungen zu rechtfertigen. Sie sind begierig darauf, eine Ausrede zu finden, um ihren Patriotismus zur Schau zu stellen, oder bereit, die Gelegenheit für die Aufregung und ein neues Leben voller Abenteuer zu ergreifen, die der Krieg ihnen bietet. Es gibt also eine Art der nationalen Übereinstimmung, jeder rückt vor und der Einzelne nimmt seinerseits das Lügen als patriotische Pflicht auf. Bei der niedrigen Moral, die in Kriegszeiten herrscht, wirkt eine solche Praxis fast unschuldig. Seine Bemühungen sind manchmal ein wenig grob, aber er gibt sein Bestes, um dem gegebenen Vorbild zu folgen. Vertreter werden von den Obrigkeiten eingesetzt und zur Propagandaarbeit animiert. Der Typus, der auf Rekrutierungsversammlungen bei der Verbreitung von Unwahrheiten in den Vordergrund trat, ist inzwischen gut bekannt. Das Schicksal, das zumindest einen der berühmtesten von ihnen in diesem Land ereilte, ist beispielhaft dafür, wie tief die öffentliche Meinung in einer Atmosphäre des Krieges sinken kann.

Mit Lauschern, Brieföffnern, Entzifferern, Telefonanzapfern, Spionen, einer Abhörabteilung, einer Fälschungsabteilung, einer Kriminalabteilung, einer Propagandaabteilung, einer Auskunftsabteilung, einer Zensursabteilung, einem Informationsministerium, einem Pressebüro et cetera waren die verschiedenen Regierungen sehr gut ausgerüstet, um ihre Völker »zu unterweisen«.

Die offizielle britische Propaganda-Agentur im Crewe House unter Lord Northcliffe war sehr erfolgreich. Ihre Methoden, insbesondere der Abwurf von Millionen von Flugblättern auf die deutsche Armee, übertrafen alle Unternehmungen des Feindes bei weitem. In *The Secrets of Crewe House* von Sir Campbell Stuart, K.B.E., werden die Methoden zu unserer Zufriedenheit und Zustimmung beschrieben. Die Erklärung, dass nur »wahrheitsgemäße Aussagen« verwendet wurden, wird zu oft wiederholt und stimmt nicht mit der Beschreibung der gefälschten Briefe und unechten Titel und Bucheinbände überein, die benutzt wurden. Aber natürlich wissen wir, dass solch schlaue Propagandisten genauso gut darin sind, im Nachhinein mit uns umzugehen wie zum gegebenen Zeitpunkt mit dem Feind. Bei der scheinbar aufrichtigen Beschreibung ihres Handelns wissen wir, dass wir nur einen Teil der Geschichte hören. Die Verbreiter unedlen Metalls wissen, wie sie sowohl für uns als auch den Feind die richtige Menge an Legierung verwenden.

In den vielen Würdigungen des Erfolgs unserer Propaganda durch deutsche Generäle und die deutsche Presse gibt es keine Beweise dafür, dass unsere Aussagen immer streng der Wahrheit entsprachen. Um eine wiederzugeben: Der General der sechsten deutschen Armee, Oskar von Hutier, verschickte eine Nachricht, die den folgenden Auszug enthält: »Die Methode von Northcliffe an der Front besteht darin, durch Flieger eine ständig steigende Zahl von Flugblättern und -schriften zu verbreiten; die Briefe deutscher Gefangener werden auf abscheulichste Art und Weise gefälscht; es werden Traktate und Pamphlete erdacht, unter denen die Namen deutscher Dichter, Schriftsteller und Staatsmänner gefälscht werden oder die den Anschein erwecken, in Deutschland gedruckt worden zu sein, und beispielsweise den Titel der Reclam-Reihe tragen, obwohl sie tatsächlich von der Northcliffe Presse kommen, die Tag und Nacht für diesen Zweck arbeitet. Sein Gedanke und Ziel ist, dass die Fälschungen, so offensichtlich sie für den, der nachdenkt, auch sein mögen, einen Zweifel bei denen wecken, die nicht für sich selbst denken, und sei es nur für einen Augenblick, und dass ihr Vertrauen in ihre Führer, in ihre eigene Stärke und in die unerschöpflichen Mittel Deutschlands erschüttert wird.«

Zunächst gründete sich die Propaganda auf den Treibsand des Mythos von der Alleinverantwortung Deutschlands. Später wurde sie durch die Unfähigkeit unserer Staatsmänner, unsere Ziele zu erklären, leicht durcheinandergebracht und gegen Ende durch Beschreibungen des großartigen, angemessenen und gerechten Friedens verstärkt, der »auf dauerhaften Fundamenten errichtet« werden sollte. Dies erwies sich leider als die größte Lüge von allen.

Im nüchternen Rückblick können wir die verhängnisvollen Auswirkungen des Giftes der Unwahrheit, ob offiziell, semioffiziell oder privat hervorgebracht, besser einschätzen. Es ist zu Recht gesagt worden, dass die Injektion des Gifts des Hasses in den Verstand der Menschen mithilfe der Unwahrheit in Kriegszeiten ein größeres Übel darstellt als der tatsächliche Verlust von Leben. Die Verunreinigung der menschlichen Seele ist schlimmer als die Zerstörung des menschlichen Körpers. Eine tiefere Erkenntnis davon ist unerlässlich.

Ein weiterer Effekt des ständigen Auftauchens falscher und verzerrter Aussagen und der Aufnahme der Lügenatmosphäre ist, dass Taten von echter Tapferkeit, Heldenmut und körperlicher Ausdauer und echte Fälle von unabwendbarer Folter und Leid verunreinigt und entweiht werden; die wunderbare Kameradschaft des Schlachtfeldes wird geradezu beschmutzt. Lügende Zungen können nicht von Opfertaten sprechen, um deren Schönheit oder Wert zu zeigen. Das Lob der Regierung und der Presse für Heldentaten ist also immer trügerisch, vor allem, wenn es von billiger und geschmackloser Rührseligkeit begleitet wird, wie es bei Letzterer für gewöhnlich der Fall ist. Daher wünscht man sich instinktiv, dass die wahren Helden unerkannt bleiben, damit ihre Verdienste nicht durch zynische Zungen und in Falschheit geübten Federn besudelt werden.

Wenn der Krieg solche Ausmaße annimmt, dass die gesamte Nation miteinbezogen wird, und wenn die Menschen an seinem Ende feststellen, dass sie nichts gewonnen haben und sie von weitverbreitetem Unglück umgeben sind, sind sie geneigt, skeptischer zu werden und die Grundlagen der Argumente zu untersuchen, die ihren Patriotismus bestärkt, ihre Leidenschaften entfacht und sie darauf vorbereitet haben, das höchste Opfer zu bringen. Sie wollen wissen, warum die angeblichen Ziele, für die sie gekämpft haben, nicht erreicht wurden, vor allem, wenn sie die Sieger sind. Sie tendieren dazu wie Lord Fisher zu glauben, dass »die Nation in den Krieg hineingetäuscht wurde« (*London Magazine*, Januar 1920). Sie beginnen sich zu fragen, ob es nicht an ihnen liegt, ein Sprichwort wahrzumachen, von dem sie so viel gehört haben, nämlich dass es »ein Krieg war, um den Krieg zu beenden«.

Wenn die Generation, die den Krieg erlebt hat, noch am Leben ist, ist es gut, dass man ihnen Kapitel und Verse mit einigen der bekanntesten Ausrufe, Schlagwörter und Mahnungen vorstellt, von denen sie so stark beeinflusst worden sind. Daher wird diese Sammlung als Warnung erstellt. Sie stellt nur einige weniger Beispiele vor. Das gesamte Gebiet abzudecken wäre unmöglich. Von 1914 bis 1918 muss es mehr vorsätzliche Lügen in der Welt gegeben haben als in irgendeiner anderen Periode der Weltgeschichte.

Es gibt verschiedene Arten von Verkleidungen, in die sich Unwahrheiten hüllen können. Es gibt die vorsätzliche offizielle Lüge, die entweder der Täuschung der Menschen im Inland oder der Irreführung des Feindes im Ausland dient; dafür gibt es verschiedene Beispiele. Wie ein Franzose gesagt hat:

> »Solange die Völker bewaffnet sind, die einen gegen die anderen, werden sie lügende Staatsmänner haben, genau wie sie Kanonen und Maschinengewehre haben.«

Das Kriegsamt forderte Offiziere in einem Rundschreiben dazu auf, über Kriegsereignisse in Zusammenhang mit dem Feind zu berichten, und erklärte, dass keine strenge Richtigkeit erforderlich sei, solange eine gewisse Wahrscheinlichkeit bestehe.

Es gibt die vorsätzliche Lüge, die sich ein genialer Verstand ausgedacht hat, die vielleicht nur einen kleinen Kreis erreicht, die aber, falls sie bildlich und anschaulich genug ist, aufgegriffen und verbreitet werden kann; und es gibt die hysterische Halluzination von Menschen schwachen Verstandes.

Es gibt die Lüge, die gehört und nicht geleugnet wird, auch wenn es ihr an Beweisen mangelt, und die dann wiederholt oder in Umlauf gebracht wird.

Es gibt den Übersetzungsfehler, der gelegentlich auf einem echten Irrtum beruht, meistens aber absichtlich erfolgt. Dafür können zwei kleine Beispiele angeführt werden:

> *The Times* (Kummerspalte), 9. Juli 1915:
> Jack F. G. – »If you are not in khaki by the 20th, I shall cut you dead.«
> – Ethel M.

Der Berliner Korrespondent der *Cologne Gazette* übersetzte wie folgt:

> »If you are not in khaki by the 20th, *hacke ich dich zu Tode* (I will hack you death).«

Während der Blockade Deutschlands wurde vorgeschlagen, die Krankheiten, an denen die Kinder litten, »die englische Krankheit« zu nennen, als ständige Erinnerung an die englische Unmenschlichkeit. Tatsächlich ist und war die gängige deutsche Bezeichnung für Rachitis immer »die englische Krankheit«.

Es gibt die allgemeine Besessenheit, angefangen mit Gerüchten, verstärkt durch Wiederholung und durch Hysterie vervollkommnet, die schließlich allgemeine Akzeptanz findet.

Es gibt die vorsätzliche Fälschung, die sehr sorgfältig angefertigt werden muss, aber in diesem Moment ihren Zweck erfüllt, auch wenn sie letztlich aufgedeckt wird.

Es gibt die Auslassung von Passagen in offiziellen Dokumenten, von der nur wenige Beispiele angeführt werden; und die »Richtigkeit« von

Wörtern und Kommas in parlamentarischen Bescheiden, die Verschleierungen der Wahrheit verbergen.

Es gibt bewusste Übertreibungen, wie zum Beispiel die Berichte über die Zerstörung Löwens:

> »Löwen hat aufgehört zu existieren.« (*The Times*, 29. August 1914)

In der Tat wurde geschätzt, dass etwa ein Achtel der Stadt gelitten hat.

Es gibt die Verschleierung der Wahrheit, zu der gegriffen werden muss, um zu verhindern, dass irgendetwas, das den Feinden zu Gunsten kommt, an die Öffentlichkeit gerät. Ein Kriegsberichterstatter, der eine ritterliche Tat eines Deutschen einem Engländer gegenüber während eines Kriegseinsatzes erwähnte, erhielt ein tadelndes Telegramm von seinem Vorgesetzten: »Ich will nichts von guten Deutschen hören«; und Sir Philip Gibbs sagte in *Realities of War*: »Am Ende des Tages haben sich die Deutschen ritterlich verhalten, was ich zu dem Zeitpunkt nicht sagen durfte.«

Es gibt die gefälschte Fotografie (»die Kamera kann nicht lügen«). Diese war in Frankreich beliebter als hier. In Wien hat eine geschäftstüchtige Firma Gräuelfotos mit Leerstellen für die Überschriften angeboten, damit sie von beiden Seiten zu Propagandazwecken genutzt werden konnten.

Auch das Kino spielte eine wichtige Rolle, vor allem in neutralen Ländern, und trug wesentlich dazu bei, die Meinung in Amerika zugunsten der Alliierten zu verändern. Bis heute wird hierzulande versucht, die Wunde mithilfe von Filmen offenzuhalten.

Es gibt den »Russischen Skandal«, dessen bestes Beispiel während des Krieges komischerweise das Gerücht über den Marsch russischer Truppen durch Großbritannien war. Eine belanglose und unvollständig verstandene Darstellung der Tatsachen erreicht durch ständige Wiederholung von einer Person zur anderen enorme Ausmaße.

Lügen über Gräueltaten waren die beliebtesten von allen, besonders in diesem Land und in Amerika; kein Krieg kommt ohne sie aus. Die Diffamierung des Feindes wird als patriotische Pflicht angesehen. Ein englischer Soldat schrieb: »Die Geschichten in unseren Zeitungen sind nur Ausnahmen. Solche Leute gibt es in jeder Armee« (*The Times*, 15. September 1914). Aber zum frühestmöglichen Zeitpunkt müssen absichtlich Geschichten über die Misshandlung von Gefangenen in Umlauf gebracht werden, um Kapitulationen zu verhindern. Das wird selbstverständlich auf beiden Seiten gemacht. Wobei natürlich jede Seite versucht, ihre Gefangenen so gut wie möglich zu behandeln, um andere anzuziehen.

Die Wiederholung einer einzelnen Grausamkeit und ihre Übertreibung können zu einer vorherrschenden Gewohnheit des Feindes werden. Unbewusst gibt jeder sie ausgeschmückt weiter und versucht doch, sich selbst zu überzeugen, dass er die Wahrheit sagt.

Es gibt Lügen, die aus der Unzuverlässigkeit und der Fehlbarkeit von Zeugenaussagen hervorgehen. Keine zwei Personen können den Hergang eines Straßenunfalls so schildern, dass die beiden Geschichten übereinstimmen. Wenn Voreingenommenheit und Emotionen hinzukommen, werden die Zeugenaussagen völlig wertlos. In Kriegszeiten werden solche Aussagen als beweiskräftig anerkannt. Die dürftigsten und unzuverlässigsten Hinweise reichen aus – »der Freund eines Bruders von einem Mann, der getötet wurde«. Oder, wie ein deutscher Ermittler seine eigenen Lügner beschreibt, »jemand, der es gesehen hat«, oder »eine äußerst respektable alte Dame«.

Es gibt pure Romantik. Briefe von Soldaten, die sich die Tage und Wochen unerträglichen Wartens damit vertrieben haben, nach Hause zu schreiben, enthielten manchmal mitreißende Beschreibungen von Einsätzen und Abenteuern, die nie stattgefunden haben.

Es gibt Ausflüchte, Verschleierungen und Halbwahrheiten, die auf geschicktere Weise täuschen und allmählich zu einer Gewohnheit der Regierung werden.

Es gibt offizielle Geheimhaltung, die die öffentliche Meinung zwangsläufig in die Irre führen muss. So schrieb beispielsweise ein bekannter englischer Autor, der wahrscheinlich besser informiert war als der Großteil der Öffentlichkeit, einen Brief an einen amerikanischen Autor, der am 21. Mai 1918 in der Presse abgedruckt wurde und in dem es heißt:

> »Es gibt keine Geheimverträge irgendeiner Art, an denen dieses Land beteiligt ist. Das hat unser Außenminister mehr als einmal öffentlich und deutlich erklärt, und abgesehen von der Ehre wäre es politischer Selbstmord für jeden britischen Beamten, eine falsche Aussage dieser Art zu machen.«

Dennoch existierte eine Reihe von Geheimverträgen. Es ist nur gerecht zu sagen, dass der Autor und nicht der Außenminister hier der Lügner ist. Nichtsdestotrotz wurde das offizielle Pamphlet *The Truth about the Secret Treaties*, das von Mr. McCurdy zusammengestellt wurde, mit einer Reihe von unbestätigten Auslassungen veröffentlicht, und sowohl Lord Robert Cecil 1917 als auch Mr. Lloyd George 1918 erklärten (Letzterer vor einer Delegation des Trade Union Congress), dass unsere Politik nicht auf die Zerrüttung Österreich-Ungarns abzielte, obwohl sie beide wussten, dass gemäß dem im April 1918 geschlossenen Geheimvertrag Teile Österreich-Ungarns an Italien übergeben und das Land von der See abgeschnitten werden sollte. Zu Geheimverträgen gehören selbstverständlich ständige Leugnungen der Wahrheit.

Es gibt eine unechte offizielle Empörung, die von einer echten Empörung des Volkes abhängt, eine Form der Unwahrheit, zu der manchmal in einem unachtsamen Moment gegriffen und die später bereut wird. Der erste Einsatz von Gas durch die Deutschen und der U-Boot-Krieg sind gute Beispiele dafür.

Die Verachtung des Feindes kann sich, wenn sie bildlich dargestellt wird, als eine unkluge Form der Unwahrheit erweisen. Es gab eine Zeit, in der deutsche Soldaten vorzugsweise geduckt, mit erhobenen Armen und »Kamerad« ausrufend abgebildet wurden, bis die Presse- und Propagandabehörden bemerkten, dass die Leute sich fragten, warum wir sie nicht ein paar Wochen vom Schlachtfeld gefegt hatten, wenn das der Stoff war, gegen den wir kämpften.

In einer voreingenommenen Kriegsatmosphäre werden persönliche Anklagen und falsche Anschuldigungen erhoben, um Personen zu diskreditieren, die sich weigern, die konventionelle Einstellung zum Krieg zu übernehmen.

Es gibt verlogene Schuldzuweisungen zwischen den einzelnen Ländern. Beispielsweise wurden die Deutschen beschuldigt, die Massenmorde an den Armeniern angezettelt zu haben, und sie ihrerseits erklärten, die Armenier hätten, angeregt von den Russen, 150 000 Muslime getötet (*Germania*, 9. Oktober 1915).

Zwar mag es noch andere, raffiniertere und schwerer fassbare Lügen geben, aber die oben genannten decken den Bereich ziemlich gut ab.

Sehr viel hängt von der Qualität der Lüge ab. Es muss intellektuelle Lügen für intellektuelle Menschen geben und plumpe Lügen für den allgemeinen Konsum, aber wenn deine allgemeinen Lügen zu offensichtlich sind und der intellektuellere Anteil schockiert ist und sie durchschaut, können sie anfangen (und tatsächlich haben sie das auch), misstrauisch zu werden, ob sie nicht auch getäuscht wurden. Nichtsdestotrotz sind die Menschen in den Hochschulen genauso leichtgläubig wie die Bewohner der Armenviertel.

Möglicherweise hat nichts die öffentliche Meinung stärker beeindruckt – und das gilt für sämtliche Länder – als die Unterstützung der Propaganda durch Intellektuelle und literarische Berühmtheiten. Sie verstanden es besser als die Staatsmänner, den schwierigen Stoff der Unwahrheit mit literarisch wertvollen Formulierungen und wortgewandten Äußerungen zu bedecken. Auch ohne den Schatten eines Beweises konnten sie mithilfe ihrer literarischen Fähigkeiten dieser oder jener Lüge einen Stempel unzweifelhafter Glaubwürdigkeit aufdrücken oder sie beiläufig als eine anerkannte Tatsache ausgeben, manchmal durch Ausdrücke falscher Unvoreingenommenheit, ein anderes Mal durch rhetorische Empörung. Der engstirnigste Patriotismus konnte edel erscheinen, die widerlichsten Anschuldigungen konnten als entrüsteter Ausbruch von Menschlichkeit dargestellt werden und die bösartigsten und rachsüchtigsten Ziele konnten fälschlicherweise als Idealismus getarnt werden. Alles war legitim, was die Soldaten zum Weiterkämpfen bewegen konnte.

Die fieberhaften Rekrutierungsversuche der Geistlichen mithilfe von Kriegspropaganda hinterließen einen so tiefen Eindruck in der Öffentlichkeit, dass sie hier nicht weiter kommentiert werden müssen. Die wenigen, die mutig herausstachen, wurden zu gezeichneten Männern. Der daraus resultierende erhebliche Verlust des spirituellen Einflusses der Kirchen ist an sich schon ein ausreichender Beweis für die Reaktionen auf den Verrat der elementarsten Gebote des Christentums in Krisenzeiten durch diejenigen, denen das sittliche Wohl der Menschen anvertraut ist.

In diesem Nebel der Unwahrheiten, ein großer Teil davon unentdeckt und als Wahrheit anerkannt, werden Kriege geführt. Der Nebel entsteht aus Angst und wird durch Panik genährt. Jeder Versuch, auch nur die unwahrscheinlichste Geschichte anzuzweifeln oder abzustreiten, muss sofort als unpatriotisch, wenn nicht gar als verräterisch verurteilt werden. Dadurch hat die rasche Verbreitung von Lügen freie Bahn. Würden sie nur dazu dienen, den Feind im Kriegsspiel zu täuschen, wären sie nicht die Mühe wert, sich darüber Gedanken zu machen. Da aber die meisten von ihnen darauf abzielen, Empörung zu entfachen und die Blüte der Jugend des Landes darauf vorzubereiten, das höchste Opfer zu bringen, werden sie zu einer ernsten Angelegenheit. Daher kann ihre Enthüllung auch nach dem Kampf noch nützlich sein, um den Betrug, die Heuchelei und den Schwindel aufzudecken, auf denen jeder Krieg beruht, sowie die unverhohlenen und geschmacklosen Mittel, die seit so langer Zeit angewandt werden, um das arme, unwissende Volk daran zu hindern, den wahren Sinn des Krieges zu erkennen.

Man muss zugeben, dass viele Menschen sich bewusst und bereitwillig täuschen ließen. Viele andere aber waren sich dessen nicht bewusst und aufrichtig in ihrem patriotischen Eifer. Wenn sie nun feststellen, dass sie auf raffinierte und sorgfältig inszenierte Weise hinters Licht geführt worden sind, verspüren sie einen Groll, der ihnen nicht nur die Augen öffnet, sondern sie auch dazu veranlassen könnte, ihre Kinder dazu zu bringen, ihre Augen offenzuhalten, wenn das nächste Signalhorn ertönt.

Versuchen wir, eine sehr schwache und unzulängliche Analogie zwischen dem Verhalten der Nationen und dem Verhalten der Individuen herzustellen.

Stellen Sie sich zwei große Landhäuser vor, in denen große Familien mit Freunden und Verwandten wohnen. Wenn sich die Familienmitglieder des einen Hauses in dem anderen Haus aufhalten, wird der Butler angewiesen, alle Briefe, die sie erhalten und versenden, zu öffnen und den Gastgeber von ihren Inhalten zu unterrichten, am Schlüsselloch zu lauschen und die Telefonate abzuhören. Wenn sie ein großes Spiel untereinander austragen, beispielsweise ein Cricket-Spiel, das die gesamte Gegend in Aufregung versetzt, werden den Anwesenden falsche Berichte über das Spiel aufgetischt, um ihnen weiszumachen, dass die von ihnen bevorzugte Seite gewinnt, die andere Seite wird des Betrugs und des unfairen Spiels bezichtigt, und über das Familienoberhaupt werden schändliche Aussagen über das schreckliche Treiben im anderen Haus verbreitet.

All das ist natürlich sehr harmlos, und es hätte keine besonders gravierenden Folgen, wenn sich Menschen auf so eine unvorstellbar schäbige, niedrige und hinterhältige Weise verhalten würden, außer dass man sie sofort aus der ehrbaren Gesellschaft ausschließen würde.

Aber zwischen Nationen, wo die Folgen entscheidend sind, wo das Schicksal von Ländern und Provinzen in der Schwebe ist, die Leben und die Zukunft von Millionen betroffen sind und die Zivilisation selbst bedroht ist, glauben die aufrichtigsten Menschen ernsthaft, dass es keine tiefere Falschheit gibt, zu der sie sich nicht rechtmäßig herablassen können. Sie müssen es tun. Ohne die Hilfe von Lügen kann es nicht weitergehen.

Dies ist kein Plädoyer dafür, dass Lügen in Kriegszeiten nicht eingesetzt werden sollten, sondern eine Demonstration dafür, wie sie eingesetzt werden *müssen*. Wenn von Anfang an die Wahrheit gesagt würde, gäbe es weder Grund noch Willen zum Krieg.

Jeder, der die Wahrheit sagt: »Ob ihr richtig oder falsch liegt, ob ihr gewinnt oder verliert, Krieg kann eurem Land in keinem Fall helfen«, würde sich selbst sehr schnell im Gefängnis wiederfinden. In Kriegszeiten ist das Unterlassen des Lügens eine Fahrlässigkeit, das Anzweifeln einer Lüge eine Ordnungswidrigkeit, die Bekundung zur Wahrheit ein Verbrechen.

In zukünftigen Kriegen müssen wir nun ein neues und wesentlich wirksameres Propagandainstrument erwarten – die staatliche Kontrolle des Rundfunks. Während wir das Wort »Rundfunk« in der Vergangenheit symbolisch als Bemühungen der Presse und einzelner Reporter verstanden haben, müssen wir den Begriff in Zukunft wörtlich nehmen, da Unwahrheit jetzt universell, professionell und zuverlässig verbreitet werden kann.

Viele der hier angegebenen Beispiele sind international, doch einige sind ausschließlich britisch, weil diese leichter zu finden und zu untersuchen sind, und letzten Endes betreffen uns eher unsere eigene Regierung, die Methoden unserer eigenen Presse und unsere eigene nationalen Ehre als die Falschheit anderer Regierungen.

Lügen, die in anderen Ländern erzählt wurden, werden ebenfalls thematisiert, wenn es möglich war, hinreichende Daten zu sammeln. Ohne besondere Nachforschungen vor Ort kann die Entwicklung bestimmter Lügen nicht vollständig ermittelt werden.

Wenn die Menschen eines Landes verstehen, wie die Menschen in einem anderen Land genau wie sie in Kriegszeiten getäuscht werden, werden sie eher bereit sein, sie als Opfer anzusehen, als sie als Verbrecher zu verurteilen, weil sie verstehen werden, dass ihr Verbrechen nur darin bestand, dem Diktat ihrer Obrigkeit zu gehorchen und ihrer Regierung und ihrer Presse das zu glauben, was sie ihnen als Wahrheit präsentieren.

Der abgedeckte Zeitraum umfasst in etwa die vier Kriegsjahre. Die Intensität der Lüge hat seit 1918 abgenommen, auch wenn im Zusammenhang mit anderen unserer internationalen Beziehungen frische Samen gesät wurden. Das Unheil, das durch den falschen Ausruf »Make Germany pay« angerichtet wurde, setzte sich nach 1918 fort und führte vor allem in Frankreich zu hohen Erwartungen und daraus resultierender Empörung, als sich herausstellte, dass diejenigen, die sich diese Parole ausgedacht hatten, die ganze Zeit wussten, dass ihre Durchsetzung schier unmöglich war. Viele der alten Kriegslügen überlebten mehrere Jahre, einige sogar bis zum heutigen Tag.

Die Enthüllungen dieser Seiten haben nichts Sensationelles an sich. Alle erwähnten Fälle sind den Verantwortlichen gut, den Hauptbetroffenen weniger gut und den Millionen Gefallenen unglücklicherweise gar nicht bekannt. Obwohl nur ein kleiner Teil des weiten Feldes der Unwahrheit behandelt wird, mag es ausreichen zu zeigen, wie die ahnungslose Unschuld der Massen in sämtlichen Ländern gnadenlos und systematisch ausgenutzt wurde.

Es gibt einige, die den Krieg wegen seiner Unmoralität ablehnen, und es gibt einige, die wegen der gesteigerten Grausamkeit und Unmenschlichkeit vor der Waffengewalt zurückschrecken; es gibt eine wachsende Zahl von Menschen, die gegen den von vornherein als erfolglos erkannten Versuch protestieren, internationale Streitigkeiten wegen ihrer Sinnlosigkeit und ihrer Schwachinnigkeit beizulegen. Doch gibt es keinen einzigen Menschen in irgendeinem Land, der nicht zutiefst verärgert darüber ist, dass seine Leidenschaften erweckt, seine Empörung entfacht, sein Patriotismus instrumentalisiert und seine höchsten Ideale durch Verschleierung, Täuschung, Betrug, Unwahrheit, List und vorsätzliche Lüge von Seiten derer entweiht wurden, denen er Vertrauen entgegenbringen soll und denen er Respekt zu erweisen hat.

Keiner der leidens- und opferbereiten Helden, niemand aus der dienst- und gehorsamkeitsbereiten Masse wird gewillt sein, dem Ruf seines Landes zu folgen, wenn er einmal die verseuchten Quellen entdeckt, aus denen dieser Ruf ertönt, und den gigantischen Finger der Unwahrheit erkennt, der sie auf das Schlachtfeld winkt.

1. Das Bündnis mit Frankreich

Unser schneller Einstieg in den Europäischen Krieg 1914 war durch unser Bündnis mit Frankreich notwendig geworden. Dieses Bündnis war dem Volk nicht bekannt, es war dem Parlament nicht bekannt, es war nicht einmal allen Mitgliedern des Kabinetts bekannt. Mehr noch: Seine Existenz wurde geleugnet. Wie verbindlich die moralische Verpflichtung war, wurde sehr bald deutlich. Die Tatsache, dass es keinen unterzeichneten Vertrag gab, änderte nichts an der bindenden Natur einer Übereinkunft, die das Ergebnis jahrelanger militärischer und maritimer Verhandlungen war. Es wurde nicht nur als »eine Ehrenverpflichtung« (Lord Lansdowne), »ein Pakt« (Mr. Lloyd George), »eine ehrenhafte Erwartung« (Sir Eyre Crowe), »die engste Verhandlung und Vereinbarung zwischen den beiden Regierungen« (Mr. Austen Chamberlain) bezeichnet, sondern Lord Grey selbst hat zugegeben, dass er zurückgetreten wäre, wären wir nicht auf Frankreichs Seite eingestiegen (ganz abgesehen von der Verletzung der belgischen Neutralität). Dass er so tat, als wären wir nicht »gebunden«, hat seine größten Bewunderer erstaunt, und dass die Übereinkunft geheim gehalten wurde, wurde von Staatsmännern aller Parteien scharf kritisiert. In der gesamten Vorkriegsdiplomatie gibt es keinen entscheidenderen Punkt, und die bloße Auflistung der Leugnungen, Ausflüchte und Ausweichmanöver ist eine tragische Veranschaulichung des niedrigen Standards der nationalen Ehre im Zusammenhang mit Krieg, der von Staatsmännern hingenommen wird, deren persönliche Ehre ohne Tadel ist.

Es sei daran erinnert, dass die Gespräche über enge Konsultationen zwischen Militär- und Marinestäben bereits vor 1906 begannen. Die erste ausdrückliche Leugnung erfolgte 1911. Die folgenden Auszüge können ohne weiteren Kommentar wiedergegeben werden.

Mr. Jowett fragte den Außenminister, ob während seiner Amtszeit eine Vereinbarung, ein Versprechen oder eine Übereinkunft mit Frankreich gemacht wurde, dass britische Truppen unter bestimmten Umständen zur Unterstützung der Operationen der französischen Armee entsandt werden würden.

Mr. McKinnon Wood (Unterstaatssekretär für auswärtige Angelegenheiten): »Die Antwort ist negativ.« (House of Commons, 9. März 1911)

Sir E. Grey: »Lassen Sie mich zuallererst versuchen, einige der Verdächtigungen in Bezug auf Geheimhaltung auszuräumen – Verdächtigungen, mit denen sich, wie mir scheint, einige Leute selbst quälen und die andere sicherlich beunruhigen. Wir haben dem Parlament die geheimen Artikel des Abkommens mit Frankreich von 1904 vorgelegt. Es gibt keine anderen geheimen Vereinbarungen. Die alte Regierung hat dieses Abkommen 1904 geschlossen. Sie haben diese Artikel geheim gehalten und ich denke, der Grund dafür ist für jeden offensichtlich. Es wäre schädlich gewesen, diese Artikel zu veröffentlichen. Meiner Meinung nach war es völlig gerechtfertigt, sie geheim zu halten, da sie dieses Parlament nicht an ernsthafte Verpflichtungen bindet. Ich habe neulich, als diese Artikel veröffentlicht wurden, einen Kommentar gesehen, dass eine Regierung, die kleine Dinge geheim hält, große Dinge erst recht geheim halten würde. Das ist völlig falsch. Es mag Gründe dafür geben, warum eine Regierung geheime Absprachen dieser Art macht, auch wenn es sich nicht um Dinge von höchster Wichtigkeit handelt, wenn sie Angelegenheiten von großer Wichtigkeit untergeordnet sind. Aber genau das ist der Grund dafür, dass die britische Regierung keine geheimen Vereinbarungen treffen sollte, die das Parlament an Kriegsverpflichtungen bindet. Es wäre töricht, dies zu tun. Keine britische Regierung könnte ohne Zustimmung der öffentlichen Meinung einen Krieg anfangen, und solche Vereinbarungen, die existieren und die das Parlament tatsächlich zu irgendetwas dieser Art verpflichten, sind in Verträgen oder Absprachen enthalten, die dem Parlament vorgelegt wurden. Wir selbst haben seit unserem Amtsantritt keinen einzigen geheimen Artikel irgendeiner Art abgeschlossen.«
(House of Commons, 27. November 1911)

Das Ganze ist eine sorgfältige und bewusste Umgehung des eigentlichen Themas.

Nichts war im August 1914 jedem in Großbritannien klarer, als dass unsere Vereinbarung mit Frankreich eine »geheime Vereinbarung war, die das Parlament an Kriegsverpflichtungen bindet«.

Mr. Winston Churchill schrieb in einem Memorandum an Sir E. Grey und den Premierminister am 23. August 1912:

> »Jeder, der die Tatsachen kennt, muss bemerken, dass wir die Verpflichtungen eines Bündnisses ohne seine Vorteile und darüber hinaus, ohne genaue Bestimmungen tragen.« (*The World Crisis*, Band i, S. 115)

Im Jahr 1912 berichtete der russische Außenminister M. Sazonov dem Zaren:

> »England versprach, Frankreich auf dem Festland zu unterstützen, indem es eine Expeditionsgruppe von 100 000 Mann an die belgische Grenze schickt, um die vom französischen Generalstab erwartete Invasion der deutschen Armee durch Belgien abzuwehren.«
>
> **Lord Hugh Cecil**: »… Es gibt eine sehr verbreitete Überzeugung, dass dieses Land verpflichtet ist – nicht vertraglich, sondern aufgrund einer Zusicherung des Ministeriums im Zuge der diplomatischen Verhandlungen – eine sehr große Einheit aus diesem Land zu entsenden, um in Europa zu operieren.«
>
> **Mr. Asquith**: »Ich muss sagen, dass das nicht wahr ist.«
>
> (House of Commons, 10. März 1913)

Sir William Byles fragte den Premierminister, ob er sagen wird, ob und inwiefern dieses Land Frankreich gegenüber verpflichtet ist, unter bestimmten Umständen eine bewaffnete Einheit nach Europa zu senden; und falls ja, welche Grenzen unsere Vereinbarungen mit der französischen Nation haben, sei es durch Zusicherungen oder durch einen Vertrag.

Mr. King fragte den Premierminister (1), ob die Außenpolitik dieses Landes gegenwärtig von irgendwelchen Verträgen, Vereinbarungen oder Verpflichtungen behindert wird, unter denen britische Streitkräfte in bestimmten Fällen aufgefordert würden, sich auf den Kontinent zu begeben und sich dort an militärischen Operationen zu beteiligen; und (2) ob dieses Land Frankreich 1905, 1908 oder 1911 spontan die Hilfe einer britischen Armee angeboten hat, die auf den Kontinent kommen soll, um Frankreich im Falle europäischer Anfeindungen zu unterstützen.

> **Mr. Asquith:** »Wie wiederholt dargelegt wurde, hat dieses Land keinerlei Verpflichtungen, die es zwingt, an einem Krieg teilzunehmen, die der Öffentlichkeit oder dem Parlament nicht bekannt sind. Mit anderen Worten, wenn es zu einem Krieg zwischen den europäischen Mächten kommt, gibt es keine unveröffentlichten Vereinbarungen, die die Freiheit der Regierung oder des Parlaments, zu entscheiden, ob Großbritannien sich an einem Krieg beteiligen sollte oder nicht, einschränken oder behindern würden. Der Einsatz der Marine oder der militärischen Einheiten, der erfolgen würde, wenn die Regierung oder das Parlament entscheiden sollten, an einem Krieg teilzunehmen, ist aus offensichtlichen Gründen keine Angelegenheit, über die im Voraus öffentliche Erklärungen abgegeben werden können.« (House of Commons, 24. März 1913)
>
> **Sir Edward Grey:** »Ich und auch der Premierminister haben dem Parlament mehr als einmal versichert, dass wir im Falle einer Krise wie dieser vor das House of Commons treten und in der Lage sein werden, dem Parlament zu sagen, dass es frei entscheiden kann, welche Haltung es vertreten sollte; dass wir keine geheime Vereinbarung haben, die wir dem Haus aufbürden und wegen der wir sagen müssten, dass eine Ehrenverpflichtung für das Land besteht ... Ich denke, [der Brief] macht völlig klar, dass das, was der Premierminister und ich im House of Commons im Hinblick auf unsere Entscheidungsfreiheit in einer Krise gesagt haben, wie wir vorgehen sollten, ob wir eingreifen oder uns enthalten sollten, vollkommen gerechtfertigt war. Die Regierung war vollkommen frei, und erst recht war das House of Commons vollkommen frei.«

Dennoch waren alle Vorbereitungen bis ins kleinste Detail getroffen worden, wie die schnelle, geheime und gut organisierte Entsendung der Expeditionseinheiten zeigte.

Schon am 31. Januar 1906 hatte Sir Edward Grey an unseren Botschafter in Paris geschrieben und ein Gespräch mit Monsieur Cambon wiedergegeben.

> »Erstens sind, seit der Botschafter mit mir gesprochen hat, große Fortschritte gemacht worden. Unsere Militär- und Marinebehörden standen

mit den Franzosen in Verbindung und ich nahm an, dass alle Vorbereitungen getroffen waren, sodass im Krisenfall keine Zeit durch den Mangel einer formellen Vereinbarung verloren gegangen wäre.«

Lord Grey schreibt in seinem Buch *Twenty-Five Years* (1925) im Hinblick auf seine Erklärung im August 1914:

»Wenn der Leser auf die Gespräche mit Cambon im Jahr 1906 zurückblickt, wird es so aussehen, als seien nicht nur britische und französische Militär-, sondern auch Marinebehörden konsultiert worden. Aber die Konsultationen der Marine waren bereits 1905 auf eine für Frankreich zufriedenstellende Basis gestellt worden, vor dem Amtsantritt der liberalen Regierung. Der neue Schritt, den wir im Januar 1906 unternommen haben, bestand darin, die militärischen Gespräche auf der gleichen Grundlage zu genehmigen wie die der Marine. Man hielt es für unerlässlich, dem Parlament klarzumachen, dass seine Entscheidungsfreiheit nicht durch irgendwelche Vereinbarungen beeinträchtigt wird, die im Vorfeld und ohne sein Wissen eingegangen wurden. Egal welche Verpflichtung es gegenüber Frankreich gab, sie ergab sich aus den Gefühlen derer, die die anglo-französische Freundschaft begrüßt, befürwortet und aufrechterhalten haben; das war offen und allgemein bekannt. In diesem Zusammenhang gab es nichts zu enthüllen, bis auf die wenige Stunden zuvor getroffene Vereinbarung über die Nord- und Westküsten Frankreichs und den Briefwechsel mit Cambon im Jahr 1912, dem Brief, der ausdrücklich festhielt, dass es keine Vereinbarung gab. Eines der Dinge, die wesentlich zur Einstimmigkeit des Landes (bei Kriegsausbruch) beigetragen haben, war die Tatsache, dass das Kabinett vor das Parlament treten und sagen konnte, dass es keine geheime Vereinbarung hinter seinem Rücken getroffen hatte.«

(*Viscount Grey, receiving the Freedom of Glasgow,*
4. Januar 1921. Berichtet in *The Times*)

Seine ständige Wiederholung dieser Beteuerung ist der beste Beweis für seinen natürlichen und offensichtlichen Zweifel an deren Richtigkeit.

Aber er setzt den Versuch der Selbstentlastung Jahre später in seinem Buch *Twenty-Five Years* fort. Er skizziert die Überlegungen, die ihm vor dem Kriegsausbruch durch den Kopf gingen:

»(3) Dass es das Interesse Großbritanniens erfordert, im Kriegsfalle nicht abseitszustehen, während Frankreich allein im Westen kämpft, sondern es zu unterstützen. Ich wusste, dass es sehr zweifelhaft war, ob das Kabinett, das Parlament und das Land diesen Standpunkt bei Kriegsausbruch vertreten würden, und während dieser ganzen Wochen hatte ich die wahrscheinliche Möglichkeit vor Augen, dass wir uns im entscheidenden Moment nicht dazu entschließen würden, Frankreich zu unterstützen. In diesem Fall hätte ich zurücktreten müssen ...

(4) Die klare Auffassung, dass man Frankreich und Russland keine Zusagen, ja nicht einmal Hoffnungen machen dürfe, von denen zweifelhaft war, ob dieses Land sie erfüllen würde. Eine Gefahr, die ich sah ... war die, dass Frankreich und Russland sich im Vertrauen auf unsere Unterstützung den Torturen eines Krieges mit Deutschland stellen könnten; dass diese Unterstützung ausbleiben würde, und dass wir dann, wenn es zu spät wäre, von ihnen dafür verantwortlich gemacht werden könnten, sie in einen verhängnisvollen Krieg eintreten gelasssen zu haben. Natürlich könnte ich zurücktreten, wenn ich ihnen Hoffnungen machte, von denen sich herausstellte, dass das Kabinett und das Parlament sie nicht unterstützen würden. Aber was würde ihnen mein Rücktritt in ihrer Not nützen?«

Nachdem er die King-Byles Fragen vom 11. Juni 1914 zitiert, sagt er:

»Die abgegebene Antwort ist absolut wahr. Die Kritik, der sie ausgesetzt ist, besteht darin, dass sie die mir gestellte Frage nicht beantwortet. Das ist unbestreitbar. Das Parlament hat ein uneingeschränktes Recht darauf, von Vereinbarungen oder Absprachen zu erfahren, die das Land zu Handlungen verpflichten oder seine Freiheit einschränken. Aber es kann nicht über Militär- oder Marinemaßnahmen unterrichtet werden, um möglichen Eventualitäten zu begegnen. Solange Regierungen gezwungen sind, die Möglichkeit eines Krieges in Betracht zu ziehen, müssen sie Vorsichtsmaßnahmen ergreifen, deren Zweck vereitelt würde, wenn sie öffentlich gemacht würden ... Wäre die Frage gestellt worden, hätte ich die Antwort verweigern und diese Gründe dafür nennen müssen. Im vergangenen Jahr hatte der Premierminister Fragen über militärische Absprachen mit einer ähnlichen Antwort zurückgewiesen.

Weder die französisch-britischen Militär- noch die englisch-russischen Marinegespräche beeinträchtigten die Freiheit dieses Landes, doch Letztere waren weniger vertraulich und bedeutend als die Ersteren. Daher war

> ich völlig berechtigt zu sagen, dass die Versicherungen des Premierministers weiterhin gültig waren. Es war nichts geschehen, was sie in irgendeiner Weise geschwächt hätte, und das war die Zusicherung, auf die das Parlament ein Recht hatte. Politische Verpflichtungen sollten nicht geheim gehalten werden; Marine- oder Militärvorbereitungen für den Kriegsfall sind notwendig, müssen aber geheim gehalten werden. Bei diesen Angelegenheiten wurde darauf geachtet, dass solche Vorbereitungen keine politischen Verpflichtungen beinhalteten.«

In den kürzlich veröffentlichten offiziellen Dokumenten schreibt Sir Eyre Crowe in einem Memorandum an Sir Edward Grey am 31. Juli 1914:

> »Die Behauptung, dass es keine schriftliche Erklärung gibt, die uns an Frankreich bindet, ist absolut richtig. Es gibt keine vertragliche Verpflichtung. Aber die Entente ist in einer Weise geschaffen, gestärkt, auf die Probe gestellt und gefeiert worden, die den Glauben rechtfertigt, dass ein moralisches Band geschmiedet wurde. Die gesamte Entente hat keinen Sinn, wenn sie nicht bedeutet, dass England in einer gerechten Auseinandersetzung an der Seite seiner Freunde stehen würde. Diese ehrenvolle Erwartung ist geweckt worden. Wir können sie nicht enttäuschen, ohne unseren guten Namen schwerer Kritik auszusetzen.
>
> Ich wage zu glauben, dass die Behauptung, England könne unter keinen Umständen in einen Krieg eintreten, nicht wahr ist, und dass jede Bestätigung dieser Behauptung politischer Selbstmord wäre.«

Das ist die schlichte, vernünftige, offizielle Auffassung, die Sir E. Grey vor ihm vertrat. Darauf zu bestehen, dass das Parlament frei war, weil die »ehrenvolle Erwartung« nicht schriftlich festgehalten wurde, war eine beklagenswerte Ausrede.

Lord Lansdowne sagte am 6. August 1914 im House of Lords, nachdem er sich auf »Vertragsverpflichtungen und jene anderen Verpflichtungen, die nicht weniger heilig sind, nur weil sie nicht in unterzeichneten und versiegelten Dokumenten verankert sind«, bezogen hatte:

> »Unter die eine Kategorie fallen unsere Vertragsverpflichtungen mit Belgien ... Zu der anderen Kategorie gehören unsere Verpflichtungen gegenüber Frankreich – Ehrenverpflichtungen, die sich aus der engen Vertraut-

> heit ergeben haben, durch die die beiden Nationen in den letzten Jahren miteinander verbunden waren.«

Auch die Behauptung, das Parlament sei frei gewesen und am 3. August konsultiert worden, erweist sich aufgrund der Tatsache als Schwindel, dass die Regierung am 2. August den Seeschutz der französischen Küste und der Schifffahrt zugesichert hatte. Das Parlament war aufgrund der Zusagen ohnehin nicht frei, aber das macht die »Konsultation« und die parlamentarische Zustimmung zu einer regelrechten Farce.

Wie die *Times* am 5. August schrieb, war Großbritannien durch diese Garantie »endgültig der Seite Frankreichs verpflichtet«; und Monsieur Cambon, der französische Botschafter, sagte in einem Interview mit Monsieur Recouly: »Ein großes Land kann keine halben Kriege führen. In dem Moment, in dem es sich entschieden hat, auf See zu kämpfen, hat es sich fatalerweise dazu verpflichtet, auch an Land zu kämpfen.«

Es folgt eine Pressemeinung zu der Zusage:

> »Ein anderes Beispiel, das jedem jüngst in Erinnerung ist, sind die Vereinbarungen über die Zusammenarbeit der Militärstäbe Großbritanniens und Frankreichs vor dem Krieg. Erst am Abend vor den Kampfhandlungen erfuhr das House of Lords etwas über die Natur dieser Absprachen. Daraufhin erklärte Sir Edward Grey, dass Großbritannien nicht endgültig verpflichtet sei, Frankreich militärisch zu unterstützen. Es gab keinen Vertrag. Es gab kein Abkommen. Es stand Großbritannien daher frei, Hilfe zu leisten oder sie zu verweigern, und obwohl es keine formale Zusage gab, waren wir durch jede Rücksicht auf die Ehre festgebunden, und das nationale Gewissen spürte dies instinktiv, wenngleich erst der Einmarsch in Belgien die Zauderer und Zweifler auf den Plan rief. Diese Situation entstand durch Geheimdiplomatie, und sie darf sich nie wieder aus derselben Ursache ergeben. Denn wir können uns nichts Gefährlicheres vorstellen, als dass eine Regierung sich selbst in der Ehre verpflichtet, wenn auch nicht in formaler Hinsicht, und dann mit der Begründung keine ausreichenden militärischen Vorbereitungen trifft, dass die formale Verpflichtung nicht eingegangen worden ist.« (*Daily Telegraph*, September 1917)

In *Before the War* gibt Lord Haldane offen zu, was er im Jahr 1906 getan hat. Er sagt, dass das Problem, das sich ihm 1906 stellte, darin bestand,

»ein britisches Expeditionskorps von 160 000 Mann zu mobilisieren und an einem Sammelpunkt zu konzentrieren, der der belgischen Grenze gegenüberliegen sollte«.

> **Mr. Lloyd George** (über den Beginn des Krieges): »Wir hatten eine Übereinkunft mit Frankreich, dass das Vereinigte Königreich das Land unterstützen würde, sollte es mutwillig angegriffen werden.«
>
> **Mr. Hogge**: »Das wussten wir nicht!«
>
> **Mr. Lloyd George**: »Sollte Frankreich mutwillig angegriffen werden.«
>
> **Ein Ehrenmitglied**: »Das sind Neuigkeiten.«
>
> **Mr. Lloyd George**: »Es gab keine Übereinkunft darüber, welche Streitkräfte wir in die Kampfhandlung einbringen sollten ... Welche Absprachen auch immer wir eingehen, ich denke, die Geschichte wird zeigen, dass wir mehr als nur die Treue gehalten haben.«
>
> (House of Commons, 7. August 1913)

Trotz Lord Greys Beteuerungen der Freiheit des Parlaments wird deutlich, dass Großbritannien mit Frankreich gebrochen hätte, wenn das Parlament den anderen Kurs eingeschlagen hätte.

Im Folgenden einige ausländische Stellungnahmen:

> Am 3. September 1919 kritisiert Monsieur Franklin Bouillon in der Französischen Kammer die Dreier-Allianz, die 1909 zwischen der französischen, der englischen und der russischen Regierung vorgesehen wurde, und erklärte, dass Frankreich durch die anglo-französische Verständigung von 1912 besser geschützt sei, »die uns die Unterstützung von sechs Divisionen zusicherte«, und bestätigte – auf eine Unterbrechung von Monsieur Tardieu –, dass der »Wortlaut« der Verständigung keine sechs Divisionen festlege, dass aber die Zusammenarbeit der Stäbe »alles für die Mobilisierung und sofortige Entsendung von sechs Divisionen vorbereitet« habe.

Im April 1913 berichtete Monsieur Sazonow dem Zaren:

> »Grey erklärte ohne zu zögern, dass England, sollten die zur Debatte stehenden Umstände eintreten, alles daran setzen würde, um der deutschen Macht den schwersten Schlag zu versetzen ... Daraus ergab sich, dass Grey aus seiner eigenen Initiative bestätigte, was ich bereits von Poincaré wusste, nämlich die Existenz einer Vereinbarung zwischen Frankreich

und Großbritannien, nach der England sich im Falle eines Krieges mit Deutschland verpflichtete, Frankreich nicht nur auf See, sondern auch auf dem Kontinent durch die Entsendung von Truppen zu unterstützen.«

»Englands Eingriff in den Krieg ist vorherzusehen gewesen. Es bestand ein militärisches Abkommen mit England, das wegen seines geheimen Charakters nicht bekannt gegeben werden konnte. Wir verließen uns auf sechs englische Divisionen und auf die Unterstützung Belgiens.«

(Marshall Joffre vor einer Pariser Kommission, 5. Juli 1919)

»Ein Vergleich der aufeinanderfolgenden Operationspläne des französischen Generalstabs ermöglicht es uns, den genauen Zeitpunkt zu bestimmen, an dem die englische Unterstützung aufgrund dieser Versprechen Teil unserer militärischen Strategie wurde. Der Plan 16 rechnete sie nicht mit ein; Plan 16a, der im September 1911 erstellt wurde, berücksichtigt die Anwesenheit einer englischen Armee an unserem linken Flügel. Der Kriegsminister (Messimy) sagte: ›Unsere Gespräche mit General Wilson, der zur Zeit der Agadir-Affäre den britischen Generalstab vertrat, gaben uns die Gewissheit, dass England im Falle einer Auseinandersetzung eingreifen würde.‹ Der Vertreter des britischen Generalstabs hatte die Hilfe von 100 000 Mann zugesichert, allerdings unter der Bedingung, dass sie nach Frankreich geschickt werden sollten, da eine Entsendung nach Antwerpen ihm zufolge viel länger dauern würde.«

(Aus *La Victoire* von Fabre Luce)

»Der britische und der französische Generalstab hatten sich in dieser Frage jahrelang eng beraten. Das Sammelgebiet der britischen Streitkräfte sollte auf der linken Flanke der Franzosen sein, und die tatsächlichen Abzugsstellen der verschiedenen Einheiten waren alle in einem Gebiet zwischen Maubeuge und Le Cateau angelegt worden. Die Hauptquartiere der Armee wurden an letzterem Ort eingerichtet.«

(Lord Frenchs Buch *Über den Krieg*, 1919)

Zur Gefahr der Geheimhaltung, die der Grund für die Leugnungen und Ausflüchte war, sollen drei Zitate angeführt werden:

Mr. Bonar Law: »... Es wurde gesagt – und ich denke, dass es höchstwahrscheinlich wahr ist –, der Krieg hätte niemals stattgefunden, wenn Deutschland mit Sicherheit gewusst hätte, dass Großbritannien sich am Krieg beteiligen würde.«

Lord Loreburn sagt in *How the War Came*: »Die Verheimlichung vor dem Kabinett war von langer Dauer und muss vorsätzlich geschehen sein.«

> **Mr. Austen Chamberlain:** »... An einem bestimmten Montag hörten wir in dieser Loge eine Rede von Lord Grey, die uns mit dem Krieg konfrontierte und auf die unsere Erklärung folgte. Das war die erste öffentliche Bekanntgabe der damaligen Regierung an das Land oder an irgendjemanden sonst über die Haltung der britischen Regierung und die Verpflichtungen, die sie übernommen hatte ... War das House of Commons frei zu entscheiden? Die französische Küste war im Vertrauen auf die Absprachen zwischen den beiden Regierungen ungeschützt – ich spreche nicht von Belgien, sondern von Frankreich. Es gab die engsten Verhandlungen und Absprachen zwischen unseren beiden Regierungen und unseren beiden Stäben. Es gab kein schriftliches Wort, das unser Land band, aber in der Ehre war es gebunden, wie es nie zuvor gebunden war – ich sage nicht zu Unrecht; ich denke zu Recht.«
>
> **Mr. T. P. O'Connor:** »Es hätte nicht geheim sein sollen.«
>
> **Mr. Chamberlain:** »Ich stimme zu. Das ist mein ganzer Punkt, und zu dem komme ich jetzt. Kann die französische Grenze oder das Schicksal Frankreichs uns jemals gleichgültig sein? Eine befreundete Macht im Besitz der Channel Ports liegt im britischen Interesse, ob mit oder ohne Vertrag ... Angenommen, diese Abmachung wäre öffentlich und bei Tageslicht gemacht worden. Angenommen, sie wäre diesem Haus vorgelegt und von ihm genehmigt worden, hätten dann die Ereignisse dieser Augusttage nicht anders verlaufen können? Wenn wir das getan hätten, wenn unsere Verpflichtungen bekannt und eindeutig gewesen wären, wäre es zumindest möglich, und ich halte es für wahrscheinlich, dass der Krieg 1914 vermieden worden wäre.«
>
> (House of Commons, 8. Februar 1922)

Zweifelsfrei steht außer Frage, dass die bis zum letzten Augenblick aufrechterhaltenen vorsätzlichen Leugnungen und Ausreden, die so schwerwiegende Folgen hatten, eine Seite in der Geschichte der Geheimdiplomatie darstellen, die ohne Beispiel ist und ein deutliches Zeichen für die Gefahr offizieller Verheimlichungen bedeutet.

2. Serbien und die Ermordung des Erzherzogs

Die Ermordung des Erzherzogs Franz Ferdinand, Neffe des Kaisers Franz Joseph, in Sarajevo und das darauffolgende österreichische Ultimatum werden manchmal als Ursache des Krieges bezeichnet, obwohl sie natürlich nur der Anlass waren – das Streichholz, das das gut gelagerte Pulverfass in Brand setzte. Für Propagandazwecke war der Vorfall keineswegs hilfreich. Zum Vorteil der Regierung ist das Attentat von Sarajevo zusammen mit dem Geheimbündnis mit Frankreich nach dem Einmarsch in Belgien in den Hintergrund getreten. Es war enorm schwierig, den serbischen Vorfall populär zu machen. »John Bull« explodierte zeitgleich mit: »Zur Hölle mit Serbien«, und die meisten Menschen waren natürlich dagegen, wegen einer solchen Sache in einen europäischen Krieg hineingezogen zu werden. Einige fragten sich, welche Haltung unsere Regierung eingenommen hätte, wäre der Prinz von Wales unter ähnlichen Umständen ermordet worden, und es herrschte eine unsichere Stimmung. Daher musste der serbische Fall aufbereitet und das »arme kleine Serbien« als unschuldige schwache Nation dargestellt werden, die der brutalen Grausamkeit der Österreicher ausgesetzt war.

Der folgende Ausschnitt aus dem Leitartikel der *Times* vom 15. September 1914 ist ein gutes Beispiel dafür, wie die öffentliche Meinung beeinflusst wurde:

> »Der Brief, den wir an diesem Morgen von Sir Valentine Chirol veröffentlichen, ist eine willkommene Erinnerung an die Pflicht, die wir der tapferen Armee und dem Volk schulden. Wir sind zu sehr dazu geneigt, über das großartige Heldentum des serbischen Volkes und die Opfer, die es gebracht hat, hinwegzusehen ... Und Serbien hat Unterstützung redlich verdient ... Außerdem sollten wir nicht vergessen, dass dieser europäische Befreiungskrieg durch die deutsch-österreichische Aggression gegenüber

> Serbien ausgelöst wurde. Die gegen Serbien erhobenen Anschuldigungen der Mitschuld an dem Verbrechen in Sarajevo, die als Vorwand für die Aggression erhoben wurden, sind nicht bewiesen. Es ist mehr als fragwürdig, ob sie überhaupt bewiesen werden können ... Während es also allen Grund gibt, die österreichischen Anschuldigungen nicht hinzunehmen, gibt es auch die stärksten Gründe, einen tapferen Verbündeten tatkräftig zu unterstützen, der ein Jahrhundert lang für die Unabhängigkeit kleiner Staaten gekämpft hat, für die wir selbst jetzt mit allen Mitteln unseres Reiches kämpfen.«

Mr. Lloyd George sagte in seiner Rede am 21. September 1914:

> »Wenn irgendwelche Serben an der Ermordung des Erzherzogs beteiligt waren, sollten sie dafür bestraft werden. Das erkennt Serbien an. Der serbische Premierminister ist einer der fähigsten und angesehensten Männer Europas. Serbien war bereit, jeden seiner Bürger zu bestrafen, dem eine Mitschuld an diesem Attentat nachgewiesen werden konnte. Was könnte man mehr erwarten?«

Punch präsentierte uns das Bild des »Heroic Serbia«, eines tapferen Serben, der sich auf einem Bergpass verteidigt.

Zwischen dem 28. Juni und dem 23. Juli 1914 wurden von der serbischen Regierung weder Verhaftungen durchgeführt noch Erklärungen abgegeben. Dem österreichischen Vertreter von Storck wurde erzählt: »Die Polizei hat sich nicht mit der Angelegenheit befasst.« Es wurde der Eindruck erweckt, dass die Täter vollkommen unverantwortliche Personen waren, die niemand in den Behörden kannte. Im weiteren Verlauf des Krieges geriet die Angelegenheit aus dem Blickfeld und unser serbischer Verbündeter und seine Regierung wurden allgemein als eine der kleinen aufgebrachten Nationen betrachtet, für deren Befreiung und Rechte britische Soldaten bereitwillig ihr Leben opfern würden.

Die Enthüllungen über die Mitschuld der serbischen Regierung an dem Verbrechen erfolgten erst im Jahr 1924, als ein Artikel mit dem Namen *Nach dem Veitstag 1914* von dem Präsidenten des serbischen Parlaments Ljuba Jovanovic veröffentlicht wurde, der 1914 Bildungsminister im Kabinett von N. Pasic gewesen war. Die wichtigsten Auszüge aus diesem Artikel werden im Folgenden wiedergegeben:

> »Ich weiß nicht mehr, ob es Ende Mai oder Anfang Juni war, als Pasic uns eines Tages erzählte, dass bestimmte Personen sich darauf vorbereiteten, nach Sarajevo zu gehen, um Franz Ferdinand zu töten, der dort erwartet wurde. Veitstag (Sonntag, 28. Juli). So viel hat er uns erzählt, aber weitergearbeitet hat er an dieser Angelegenheit nur mit dem damaligen Innenminister Stojan Protic. Wie man mir später erzählte, wurde der Mord von einer Geheimgesellschaft organisierter Männer und von Verbindungen patriotischer Studenten aus Bosnien-Herzegowina vorbereitet. Pasic und wir anderen sagten (und Stojan stimmte zu), dass Stojan die Behörden an der Drin-Grenze anweisen sollte, die Einreise der Jugendlichen zu verhindern, die Belgrad zu diesem Zweck verlassen hatten. Aber die Mitarbeiter der Grenzbehörden waren selbst Mitglieder der Organisation, missachteten den Befehl Stojans und sagten ihm, wie er uns später erzählte, dass der Befehl zu spät gekommen sei, da die Jugendlichen die Grenze bereits überschritten hätten. So scheiterte der Versuch der Regierung, den vorbereiteten Anschlag (*atentat*) zu verhindern.«

Das zeigt, dass das gesamte Kabinett bereits einige Zeit vor dem Mord von der Verschwörung wusste; dass der Premierminister und der Innenminister wussten, in welchen Organisationen er vorbereitet wurde; dass der Grenzschutz stark verwickelt war und auf Anweisung derjenigen arbeitete, die das Verbrechen vorbereiteten.

> »Es scheiterte auch der eigenmächtige Versuch unseres Ministers von Wien, den Minister Bilinski dazu zu bewegen, den Erzherzog von dem geplanten tödlichen Weg abzubringen. So wurde der Tod des Erzherzogs unter schrecklicheren Umständen herbeigeführt, als man vorausgesehen hatte, und mit Folgen, die sich niemand auch nur hätte träumen lassen.«

Es wurde keine offizielle Anweisung nach Wien geschickt, um den Erzherzog zu warnen. Der Minister handelte auf eigene Initiative. Dies wird auch durch eine im *Standard* vom 21. Juli 1914 zitierte Aussage von Pasic bestätigt.

> »Hätten wir von der Verschwörung gegen den verstorbenen Erzherzog Franz Ferdinand gewusst, hätten wir die österreichisch-ungarische Regierung darüber informiert.«

Er wusste zwar von der Verschwörung, warnte die österreichisch-ungarische Regierung aber nicht.

In einem Artikel des *Neuen Wiener Tageblattes* vom 28. Juni 1924 erklärte der serbische Minister Jovan Jovanovic in Wien, dass die Warnung, die er ausgesprochen hatte, in Form einer persönlichen und unaufgeforderten Stellungnahme erfolgte, der zufolge die Manöver eine Provokation darstellten und der Erzherzog von einem seiner eigenen Soldaten erschossen werden könnte.

Ljuba Jovanovic beschreibt, wie er die Nachricht aufnahm:

> »Am Veitstag (Sonntag, 28. Juni 1928) war ich nachmittags in meinem Landhaus in Senjak. Gegen 17 Uhr rief mich ein Beamter des Pressebüros an und erzählte mir, was in Sarajevo geschehen war. Und obwohl ich wusste, was dort vorbereitet worden war, fühlte ich mich, während ich den Hörer in der Hand hielt, als hätte mir jemand unerwartet einen schweren Schlag versetzt. Als die Nachricht später auch von anderer Seite bestätigt wurde, befiel mich eine große Angst ... Ich wusste, dass die Position unserer Regierung anderen Regierungen gegenüber sehr kompliziert sein würde, viel schlimmer als nach dem 29. Mai 1903 (der Ermordung König Alexanders).«

In *La Fédération Balcanique* behauptete Nicola Nenadovic, dass König Alexander, der russische Minister Hartwig und der russische Militärattaché Artmanov, genau wie Pasic, in die Verschwörung eingeweiht waren.

Die österreichische Regierung forderte in ihrem Ultimatum die Verhaftung eines gewissen Ciganovic. Er wurde gefunden, verschwand dann aber auf mysteriöse Weise. Dieser Mann spielte eine wichtige Rolle. Oberst Simitch beschreibt ihn im Mai 1925 in *Clarté* als Bindeglied zwischen Pasic und den Verschwörern und sagt: »Pasic schickte seinen Vertreter nach Albanien.« Der Bericht über den Saloniki-Prozess zeigt, dass er ein Spion und ein Agent Provocateur der serbischen Regierung war. Er war »Nummer 412« auf der Liste der »Schwarzen Hand«, einer revolutionären Gesellschaft, die der Regierung bekannt war und die von ihr unterstützt wurde (der Neffe von Pasic war ein Mitglied). Ihr Kopf war Dimitrijevic, der Leiter des Militärgeheimdienstes, eine herausragende Persönlichkeit, die das Attentat auf König Alexander und seine Königin 1903 angeführt hatte. Der Vertreter der Schwarzen Hand in Sarajevo war Gacinovic, der die Ermordung organisierte, die bereits vor Monaten geplant worden war. Den ersten Bombenanschlag verübte Cabrinovic, der in der serbischen Staatsdruckerei tätig war. Den Mord selbst beging Princip, ein wilder junger Mann, der nur als Werkzeug fungierte. Als er und die anderen Mörder verhaftet wurden, gestanden sie, dass sie von Ciganovic mit Major Tankosic bekannt gemacht, mit Waffen versorgt und im Schießen unterrichtet worden waren. Nach dem Saloniki-Prozess schickte die Regierung Pasic Ciganovic als Belohnung für seine Dienste mit falschem Pass unter dem Namen Danilovic nach Amerika. Als der Krieg vorbei war, kam Ciganovic zurück und die Regierung überließ ihm etwas Land in der Nähe von Skopje, wo er sich dann niederließ.

Dass die österreichische Regierung erkannte, dass die Weigerung, Ciganovic zu finden oder anderen zu erlauben, nach ihm zu suchen, auf eine Mitschuld der serbischen Regierung hindeutete und sie deshalb zum Mittel des Krieges griff, ist nicht überraschend.

In Belgrad wurde *poste restante* eine Postkarte gefunden, die einer der Verbrecher von Sarajevo an einen seiner Kameraden in Belgrad geschrieben hatte. Das wurde allerdings nicht weiterverfolgt. Wie Ljuba sagt:

> »Alles in allem war zu erwarten, dass es Wien nicht gelingen würde, eine Verbindung zwischen dem offiziellen Serbien und dem Ereignis auf dem Miljacka nachzuweisen.«

Die Bemerkung eines serbischen Studenten bringt die Sache auf den Punkt: »Sie sehen, der Plan war ziemlich erfolgreich. Wir haben Großserbien geschaffen.« Und Pasic selbst verkündete am 13. August 1915:

> »Niemals im Laufe der Geschichte hatte die serbische Nation bessere Aussichten als seit Ausbruch des Krieges.«

Es war eine Überraschung für die serbische Regierung, dass die Enthüllung von Ljuba so große Aufregung erregt hatte. Sie glaubte, dass Großbritannien verstanden hatte, was geschehen war, und den Vorwand in seinem Eifer, Deutschland zu bekämpfen, genutzt hatte. Als aber die Wahrheit ans Licht kam, wurde der Ausschluss Ljubas aus der Radikalen Partei veranlasst. Nichts, was sich bei dieser Gelegenheit ereignete, führte jedoch dazu, dass Pasic die von Ljuba erhobenen Vorwürfe entschieden abstritt. Er umging das Thema so gut wie möglich.

Es scheint kein Zweifel zu bestehen, dass das britische Kriegsministerium vor Ende des Krieges offiziell darüber informiert wurde, dass Dimitrijevic vom serbischen Militärgeheimdienst der Hauptverantwortliche für den Mord war. Er wurde 1917 in Thessaloniki hingerichtet, weil seine Existenz als störend empfunden wurde. Doch als es um die Ausarbeitung der Friedensverträge in Versailles ging, wurde über das gesamte Thema Stillschweigen bewahrt.

Dieser schreckliche Fall von Täuschung sollte als serbische Lüge eingestuft werden, aber ihre Akzeptanz war so weit verbreitet, dass halb Europa sich ihrer mitschuldig machte, und selbst wenn die Wahrheit andere Kanzleien oder Außenministerien der alliierten Mächte erreicht hätte, wäre es völlig unmöglich für sie gewesen, sie offenzulegen. Wäre sie aber im Juli 1914 bekannt geworden, wäre die Meinung des britischen Volkes über das österreichische Ultimatum eine völlig andere gewesen.

3. Der Einmarsch in Belgien als Ursache des Ersten Weltkriegs

Was auch immer die Ursachen für den Ersten Weltkrieges gewesen sein mögen, der deutsche Einmarsch in Belgien gehörte mit Sicherheit nicht dazu. Er war eine der ersten Auswirkungen des Krieges. Er war nicht einmal der Grund für unseren Kriegseintritt. Aber die Regierung, die erkannte, wie unwahrscheinlich es war, die Öffentlichkeit für ein geheimes Bündnis mit Frankreich begeistern zu können, war dank des verhängnisvollen Fehlers von Deutschland dazu in der Lage, den Einmarsch in Belgien und die Verletzung des Neutralitätsvertrages als Ursache für unsere Beteiligung am Krieg darzustellen.

Wir wissen jetzt, dass wir durch eine Ehrenverpflichtung an Frankreich gebunden waren, wir wissen jetzt, dass Sir Edward Grey zurückgetreten wäre, wenn wir nicht auf der Seite Frankreichs in den Krieg eingetreten wären, und wir wissen auch, dass Mr. Bonar Law die Konservative Partei zur Unterstützung des Krieges verpflichtete, bevor die Frage des Einmarsches in Belgien aufkam.

> »Die Regierung weiß es bereits, aber ich versichere ihr jetzt im Namen der Partei, deren Vorsitzender in diesem Haus ich bin, dass sie sich bei allen Schritten, die sie für die Ehre und die Sicherheit dieses Landes für notwendig erachtet, auf die bedingungslose Unterstützung der Opposition verlassen kann.«
>
> (Zitiert in *Twenty-Five Years* von Viscount Grey)

Der Einmarsch in Belgien war für die Regierung und die Presse ein Geschenk des Himmels und sie nutzten diesen Vorwand sofort, weil sie seinen Wert für die öffentliche Meinungsbildung sehr zu schätzen wussten.

»Wir ziehen in einen Krieg, der uns als Verteidiger der Schwachen und als Verfechter der europäischen Freiheiten aufgezwungen wird.«

(*The Times*, 5. August 1914)

»Es sollte offensichtlich sein, wann und warum wir eingegriffen haben. Erst als wir vor der Wahl standen, feierliche Verpflichtungen einzuhalten oder zu brechen, zwischen der Erfüllung eines bindenden Vertrauens und der schamlosen Unterwerfung unter nackte Gewalt, warfen wir die Schwertscheide weg ... Wir waren durch unsere klaren und vorrangigen Verpflichtungen gebunden, die bedrohte Unabhängigkeit eines kleinen und neutralen Staates [Belgien] zu verteidigen und zu erhalten.«

(Mr. Asquith, House of Commons, 27. August 1914)

»Die vertraglichen Verpflichtungen Großbritanniens diesem kleinen Land (Belgien) gegenüber, haben uns in den Krieg geführt.«

(Mr. Lloyd George, 5. Januar 1918)

Keine dieser beiden Aussagen der aufeinanderfolgenden Premierminister ist wahr. Wir wurden wegen unserer Verpflichtung gegenüber Frankreich in den Krieg hineingezogen. Der Angriff auf Belgien wurde genutzt, um nationale Begeisterung zu wecken. Eine entsprechende Äußerung wurde in die Rede des Königs vom 18. September 1914 eingefügt.

»Ich war gezwungen, zur Verteidigung vertraglicher Verpflichtungen, gegen die absichtlich verstoßen wurde, ... in den Krieg zu ziehen.«

Die beiden folgenden Auszüge bringen die Sache auf den Punkt:

»Sie machen sich nicht bewusst, dass unsere Ehre und unser Interesse uns auch gezwungen hätten, uns Frankreich und Russland anzuschließen, wenn Deutschland die Rechte seiner kleinen Nachbarn gewissenhaft geachtet und sich durch die östlichen Befestigungsanlagen nach Frankreich gegraben hätte.« (*The Times*, 15. März 1915)

Sir D. MacLean: »Wir sind wegen Belgien in den Krieg eingetreten.«

Mr. Chamberlain: »Wir hatten einen entsprechenden Vertrag mit Belgien. Wäre nur Frankreich betroffen gewesen, hätten wir uns nach den Gesprächen, die stattgefunden hatten, nicht heraushalten können. Es wäre nicht in unserem Interesse gewesen, uns herauszuhalten, und wir hätten uns nicht heraushalten können, ohne unsere Sicherheit und unsere Ehre zu verlieren.« (House of Commons, 8. Februar 1922)

Aber der Angriff auf Belgien wurde nicht nur zur Kriegsursache erklärt, sondern auch als beispielloser und ungerechtfertigter Vertragsbruch dargestellt. Noch heute hängt der »Fetzen Papier« (eine Nachbildung des Vertrages) an den Wänden mancher Grundschulen.

Es gibt keine Nation, die sich nicht eines Vertragsbruches schuldig gemacht hat. Nach der Erklärung eines Krieges werden ständig Verträge gebrochen. Während des Krieges gab es andere Verletzungen der Neutralität. Die Verletzung eines Vertrages ist bedauerlicherweise keine Frage der internationalen Moral, sondern der Zweckmäßigkeit. Als im Jahr 1887 der Ausbruch eines Krieges zwischen Frankreich und Deutschland befürchtet wurde, diskutierte die Presse einschließlich des *Evening Standard*, der damals mehr oder weniger als Regierungsorgan angesehen wurde, nüchtern und mit gelassenem Gleichmut die Möglichkeit, Deutschland den Durchmarsch durch Belgien zu erlauben, um Frankreich anzugreifen. Der *Evening Standard* war der Meinung, es sei Wahnsinn von Großbritannien, sich dem Durchmarsch deutscher Truppen durch Belgien zu widersetzen, und der *Spectator* erklärte: »Wir werden und wir können die Überschreitung ihres Landes nicht verhindern.« Wir standen unseren vertraglichen Verpflichtungen 1914 nicht verantwortungsbewusster gegenüber als 1887. Aber 1887 hatten wir gute Beziehungen zu Deutschland und angespannte Beziehungen zu Frankreich. Die gegenteilige Politik passte also besser in unser Programm.

Außerdem war der Angriff auf Belgien keine Überraschung. All unsere Pläne dienten der Vorbereitung darauf. Aus den belgischen Dokumenten, die veröffentlicht wurden, geht hervor, dass die »Gespräche« von 1906 sehr umfassende Pläne für die militärische Zusammenarbeit im Falle eines deutschen Einmarsches in Belgien thematisierten, aber es gab keine ähnlichen Planungen zwischen Belgien und Deutschland. Die Franzosen und die Briten werden als verbündete Armeen bezeichnet, Deutschland als »der Feind« und für die Landung britischer Truppen wurden umfassende und ausgeklügelte Pläne erstellt.

In politischer Hinsicht war der Einmarsch in Belgien ein großer Fehler, aber strategisch gesehen war es der natürlichste und offensichtlichste Weg. Heute wissen wir außerdem, dass Frankreich die belgische Neutralität verletzt hätte, hätte Deutschland es nicht getan. Die Quelle für diese Information, die vom Standpunkt militärischer Strategie vollkommen verständlich ist, ist General Percin, dessen Artikel im Jahr 1925 in *l'Ère Nouvelle* so zitiert und kommentiert wird, wie am 27. Januar 1925 im *Manchester Guardian*.

Verletzung der belgischen Neutralität von Frankreich beabsichtigt.

Anschuldigungen eines französischen Generals.

(Von unserem eigenen Korrespondenten)
Paris, Montag.

Unmittelbar vor dem Kriegseintritt 1914 erkundigte sich die britische Regierung sowohl in Berlin als auch in Paris, ob die belgische Neutralität respektiert werden würde. War die Adressierung dieser Nachfrage an Frankreich reine Formsache?

Wenn man dem bekannten, radikalen, nicht-katholischen französischen General Percin glauben darf, dann offenbar nicht, denn er erklärt in einer Reihe von Artikeln, die er in *l'Ère Nouvelle* begonnen hat, dass die Verletzung der belgischen Neutralität seit vielen Jahren fester Bestandteil der Kriegspläne des französischen Generalstabs und sogar der französischen Regierung war.

Es muss wohl kaum gesagt werden, dass die daraus entstandene Kontroverse von weltweiter Bedeutung ist, denn sie beseitigt die moralische Vertrags-Stigmatisierung gegen Deutschland in hohem Maße.

Zugegebenermaßen ist General Percin ein verbitterter Mann, doch seine Ehre und seine Fähigkeiten wurden bisher niemals in Frage gestellt. Er ist Protestant – eine Seltenheit in den hohen Rängen der französischen Armee – und lag immer im Streit mit der Militärhierarchie des Generalstabs. Das ist kein Wunder, denn er war Kabinettsvorsitzender von General André, dem Kriegsminister im Kabinett Combes, als in der Dreyfus-Affäre ein mehr oder weniger vergeblicher Versuch unternommen wurde, das Oberkommando zu säubern. General Percins Hauptinteresse galt der Artillerie, und die deutschen Zeitungen schrieben ihm während des Krieges die Hauptverantwortung für die Einführung der berühmten *Canon de 75 mm* zu. Die Absetzung von General Percin vom Militärkommando in Lisle in den ersten Wochen des Krieges ist nie richtig erklärt worden. Sie scheint Teil eines Rachefeldzugs gewesen zu sein. Dass keine Schande seinerseits vorlag, zeigte jedenfalls der ihm später verliehene Große Orden der Ehrenlegion.

Eine Entdeckung von 1910.

Die Angaben General Percins in *l'Ère Nouvelle* stammen aus der Zeit, als er einer der Vorsitzenden des Obersten Kriegsrates war. Er schreibt:

> »Ich habe im Winter 1910/11 persönlich an einem großen Einsatz teilgenommen, der vom Obersten Kriegsrat organisiert wurde, dem ich damals angehörte. Der Einsatz dauerte eine Woche. Er zeigte, dass ein deutscher Angriff an der elsässisch-lothringischen Front keine Erfolgsaussichten hatte, dass er unweigerlich an den in dieser Region angehäuften Barrieren zerschlagen würde, und dass Deutschland gezwungen sein würde, die belgische Neutralität zu verletzen.«
>
> »Es wurde nicht die Frage gestellt, ob wir dem deutschen Beispiel einer solchen Verletzung folgen und ihm gegebenenfalls zuvorkommen oder ob wir den Feind diesseits der belgischen Grenze abpassen sollten. Das war eher eine Frage der Regierung als eine des Militärs. Aber jeder Kommandant von Truppen, der in Kriegszeiten erfährt, dass der Feind einen Punkt besetzen will, dessen Lage ihm einen taktischen Vorteil verschafft, hat die unumgängliche Pflicht, zu versuchen, diesen Punkt zuerst und so schnell wie möglich selbst zu besetzen. Wenn einer von uns gesagt hätte, dass er aus Respekt vor dem Vertrag von 1839 aus eigener Initiative auf dieser Seite der belgischen Grenze geblieben wäre und damit den Krieg auf französisches Gebiet verlagert hätte, wäre er von seinen Kameraden und vom Kriegsminister selbst verhöhnt worden.«
>
> »Wir waren in der französischen Armee alle Anhänger der taktischen Offensive. Sie beinhaltete die Verletzung der belgischen Neutralität, da wir die Absichten der Deutschen kannten. Mir wird man sagen, dass es unsererseits kein französisches Verbrechen gewesen wäre, sondern eine Erwiderung, eine Reaktion auf ein deutsches Verbrechen. Kein Zweifel. Allerdings gibt jeder Kriegseintritt vor, eine solche Reaktion zu sein. Man greift den Feind an, weil man ihm die Absicht unterstellt, einen selbst anzugreifen.«

Am 31. August 1911 unterzeichneten die Leiter der französischen und russischen Generalstäbe eine Vereinbarung, nach der das Wort »Verteidigungskrieg« nicht wörtlich zu nehmen sei, und bekräftigten »die absolute Notwendigkeit für die französische und russische Armee, möglichst zeitgleich eine entschlossene Offensive zu starten.«

General Percin zufolge bedeutete diese »entschlossene Offensive« eine französische Verletzung der belgischen Neutralität.

> »Könnten wir eine entschlossene Offensive starten, ohne die belgische Neutralität zu verletzen? Könnten wir unsere 1300000 Mann wirklich an der engen Front von Elsass-Lothringen einsetzen?«

Übergriff auf Belgien unvermeidlich.

Er behauptet nachdrücklich, dass der französische Generalstab der Meinung war, der Krieg solle in Belgien stattfinden, und tatsächlich reiste der Artillerie-Oberst Picard sechs Monate nach der Unterzeichnung der oben zitierten Vereinbarung zwischen dem französischen und dem russischen Generalstab an der Spitze einer Gruppe von Offizieren nach Belgien, um die Verwendung dieses Einsatzgebietes für den Fall zu untersuchen.

General Percin kommt zu dem Schluss:

> »Der Vertrag von 1839 musste entweder von den Deutschen oder von uns gebrochen werden. Er war geschlossen worden, um Krieg zu verhindern. Die Frage, die wir beurteilen müssen, ist also diese: Wer von den beiden wollte den Krieg mehr: Frankreich oder Deutschland? Nicht, wer die größte Verachtung für diesen Vertrag gezeigt hat. Derjenige, der den Krieg mehr gewollt hat als der andere, konnte nicht anders, als den Übergriff auf belgisches Territorium zu wollen.«

Es könnte eine Reihe von Auszügen wiedergegeben werden, um zu zeigen, dass der Einmarsch in Belgien erwartet wurde. Trotzdem wurden in den Jahren vor dem Krieg keine Schritte unternommen, um die Verpflichtungen des alten Vertrages von 1839 zu bestärken und sie wesentlich verbindlicher zu machen, als sie in Wirklichkeit waren.

Der Einmarsch in Belgien war nicht die Ursache des Krieges; der Einmarsch in Belgien kam nicht unerwartet; der Einmarsch in Belgien hat weder die moralische Empfindsamkeit der britischen noch der französischen Regierung erschüttert. Doch zugegebenermaßen waren die beiden Regierungen in der ersten Phase des Weltkrieges, als sie sich in einer Position befanden, die sie zum Großteil selbst verursacht hatten, völlig berechtigt und sogar gezwungen, die Dinge so zu arrangieren und ihre Folgen so zu verzerren, wie sie es getan haben, immer dem Maßstab der Moral folgend, der mit dem Krieg einhergeht. Es war unerlässlich, das Bild mit der Farbe der Unwahrheit zu tönen, um öffentliche Empörung zu erregen, und das geschah mit vollem Erfolg.

4. Deutschlands Alleinschuld am Krieg

Die Beschuldigung des Feindes, allein für den Krieg verantwortlich zu sein, ist in jeder Nation und in jedem Krieg üblich. Was uns betrifft, waren die Russen (im Krimkrieg), die Afghanen, die Araber, die Zulu und die Buren allesamt unprovozierte Aggressoren, um einige aktuellere Beispiele zu nennen. Das ist eine notwendige Unwahrheit, die auf der gegenwärtigen voreingenommenen Meinung einer Seite in einem Konflikt beruht, und sie wird zur unverzichtbaren Grundlage aller nachfolgenden Propaganda. Die Leitartikel der Zeitungen bei Ausbruch eines jeden Krieges läuten die Wende zu diesem Thema ein und ähneln einander so sehr, als würden Standardartikel bereitstehen und der Name des Feindes, wer auch immer er sein mag, im gegebenen Moment eingefügt. Wenn die Vernunft wieder einsetzt und die Festigung des Friedens zu einer zwingenden Notwendigkeit für alle Nationen wird, wird die Anschuldigung nach und nach offiziell fallen gelassen.

Es ist kaum nötig, viele Beispiele für die allgemeine Erklärung der Alleinschuld, des Verbrechertums und der bösen Absicht Deutschlands zu geben. Ähnliche Erklärungen könnten in jedem Land auf beiden Seiten des Krieges gesammelt werden.

> »[Die Kriegserklärung] ist kaum eine überraschende Nachricht, da eine lange Reihe von Tatsachen zeigt, dass Deutschland die Krise, die jetzt über Europa schwebt, absichtlich herbeigeführt hat.«
>
> (*The Times*, 5. August 1914)
>
> »Deutschland und Österreich allein haben diesen Krieg gewollt.«
>
> (Sir Valentine Chirol, *The Times*, 6. August 1914)
>
> »Und bei wem liegt diese Verantwortung? ... Bei einer Macht, einer Macht allein, und diese Macht ist Deutschland.«
>
> (Mr. Asquith im Rathaus, 4. September 1914)

»(Wir kämpfen), um die gefährlichste Verschwörung zu zerschlagen, die jemals gegen die Freiheit der Nationen geschmiedet und die sorgfältig, geschickt, heimtückisch und heimlich mit skrupelloser, zynischer Entschlossenheit bis ins Detail geplant wurde.«

(Mr. Lloyd George, 4. August 1917)

Lord Northcliffe, der für die Kriegspropaganda zuständig war, erkannte, wie wichtig es war, die Anschuldigung zur Grundlage all seiner Handlungen zu machen. »Die gesamte Stellung der Alliierten gegenüber Deutschland wird von der Tatsache bestimmt, dass Deutschland für den Krieg verantwortlich ist«, und nochmal: »Die Alliierten dürfen nicht müde werden, darauf zu bestehen, dass sie Opfer einer vorsätzlichen Aggression waren.« (*Secrets of Crewe House*)

Zu den wenigen gemäßigten Stimmen gehörte Lord Rosebery im August 1914, der schrieb:

»Es war ein Funke inmitten des großen Pulverfasses, das die europäischen Nationen in den letzten zwanzig oder dreißig Jahren errichtet haben ... Ich weiß nicht, ob es einen Drahtzieher gab ... Ohne Beweise möchte ich niemandem eine solche Bürde auferlegen.«

Die Anschuldigung wurde jedoch in allen alliierten Ländern so stark und häufig erhoben, dass die Regierung gezwungen war, sie in den Friedensvertrag aufzunehmen.

Artikel 231. – Die alliierten und assoziierten Regierungen erklären und Deutschland erkennt an, dass Deutschland und seine Verbündeten als Urheber für alle Verluste und Schäden verantwortlich sind, die die alliierten und assoziierten Regierungen und ihre Staatsangehörigen infolge des Krieges, der ihnen durch den Angriff Deutschlands und seiner Verbündeten aufgezwungenen wurde, erlitten haben.

Als die Kriegsbegeisterung nachließ, wurde die Anschuldigung nach und nach fallen gelassen. Sogar die Staatsmänner selbst zogen sie zurück.

»Je öfter man die Memoiren und Bücher liest, die in den verschiedenen Ländern über die Geschehnisse vor dem 1. August 1914 geschrieben wurden, desto deutlicher wird, dass zu diesem Zeitpunkt niemand an der

Staatsspitze ernsthaft einen Krieg gewollt hat. Er war etwas, in das sie vielleicht aus Dummheit hineingerutscht, oder vielmehr getaumelt und gestolpert sind, und ich zweifle nicht daran, dass ein Gespräch ihn abgewendet hätte.« (Mr. Lloyd George, 23. Dezember 1920)

»Ich kann nicht sagen, dass Deutschland und seine Verbündeten die Alleinschuld für den Krieg tragen, der Europa verwüstet hat ... Diese Behauptung, die wir alle während des Krieges machten, wurde damals als Waffe genutzt; jetzt, wo der Krieg vorbei ist, kann sie nicht als ernsthaftes Argument dienen ... Wenn es möglich wird, die diplomatischen Dokumente des Krieges sorgfältig zu begutachten, und die Zeit uns erlaubt, sie in aller Ruhe zu beurteilen, wird man sehen, dass die Haltung Russlands die eigentliche und grundlegende Ursache des globalen Konflikts war.«
(Signor Francesco Nitti, ehemaliger Ministerpräsident von Italien)

»Gibt es irgendeinen Mann oder irgendeine Frau, gibt es irgendein Kind, das nicht weiß, dass der Keim des Krieges in der modernen Welt die industrielle und kommerzielle Rivalität ist? ... Das war ein industrieller und kommerzieller Krieg.«
(Präsident Woodrow Wilson, 5. September 1919)

»Ich behaupte nicht, dass Österreich oder Deutschland von vorneherein die bewusste und durchdachte Absicht hatten, einen allgemeinen Krieg auszulösen. Es gibt keine Dokumente, die uns zu der Annahme berechtigen, dass sie damals etwas derartig Systematisches geplant hätten.«
(M. Raymond Poincaré, 1925)

»Ich wage zu behaupten, dass der Glaube an eine Alleinschuld Deutschlands nicht einmal Monsieur Poincaré möglich ist. Aber wenn man eine Politik errichtet, die auf der Theorie der Alleinschuld Deutschlands beruht, ist offensichtlich, dass man eisern an dieser Theorie festhalten oder sich zumindest den Anschein der Überzeugung geben sollte.«
(General Subhomlinoff, russischer Kriegsminister. Zitiert von M. Vaillaint Conturier in der Abgeordnetenkammer, *Journal Officiel*, 5. Juli 1922)

Auch die Presse und die Publizisten änderten ihren Ton.

»Deutschland die alleinige Verantwortung für den Krieg anzulasten, ist nach allem, was wir schon wissen – und es wird noch mehr hinzukommen –, eine Absurdität. Einen Vertrag auf Absurdität aufzubauen, ist ein Unrecht. Menschlich, moralisch und historisch gesehen ist der Vertrag von Versailles zu verurteilen, ganz abgesehen von seinen ökonomischen Ungeheuerlichkeiten.«

(Austin Harrison, Herausgeber der *English Review*)

»Haben rachsüchtige Nationen jemals etwas Gemeineres, Falscheres oder Grausameres getan als die Alliierten, die Deutschland durch den Versailler Vertrag zwangen, als Sündenbock die Schuld zu übernehmen, die alle trugen? Welche Nation hat saubere Hände und ein reines Herz?«

(Charles F. Dole)

1923 versammelten sich die Vertreter der Nationen in einer vorläufigen, gemischten Kommission, um unter der Schirmherrschaft des Völkerbundes einen Vertrag über gegenseitigen Beistand auszuarbeiten. Im vollen Bewusstsein darüber, was von ihren Regierungen als abscheulicher und unbestreitbarer Fall einer unprovozierten Aggression Deutschlands erklärt worden war, waren sie außerstande, »unprovozierte Aggression« zu definieren. Die belgische, brasilianische, französische und schwedische Delegation erklärten in einem Memorandum:

»Es reicht nicht aus, den Ausdruck ›unprovozierte Aggression‹ zu wiederholen, da es unter den Bedingungen der modernen Kriegsführung unmöglich zu sein scheint, auch nur theoretisch zu entscheiden, was einen Fall von Aggression darstellt.«

Diese Auffassung wurde praktisch übernommen, und der Juristenausschuss schlug bei seiner Konsultation vor, den Begriff »Aggression« zu streichen. Sollte sich künftig eine Nation der Empfehlung des Rates oder dem Urteil des Gerichtshofes verweigern und zu den Waffen greifen, würde das im Rahmen des Völkerbundabkommens als Angriffskrieg (»*war of aggression*«) gewertet.

In der Präambel der Verträge von Locarno, die 1925 zwischen Deutschland, Frankreich und Großbritannien geschlossen wurden, findet sich nicht der kleinste Hinweis auf diese Anschuldigung; im Gegenteil, es wird sogar der folgende Satz eingefügt:

»In dem Bemühen, den Wunsch nach Sicherheit und Schutz zu befriedigen, der die Völker beseelt, die unter der Geißel des Krieges von 1914–1918 zu leiden hatten (les nations qui ont eu à subir le fléau de la guerre).«

Das hier ist nicht der Ort, um die Frage der Verantwortung zu diskutieren, die Schuld von einer Nation auf die andere zu schieben oder zu zeigen, in welchem Maße Deutschland tatsächlich verantwortlich war. Alleinschuld ist etwas völlig anderes als eine gewisse Verantwortung. Die Deutschen und die Österreicher waren nicht ohne guten Grund damit beschäftigt, Russland zu beschuldigen. Aber die Streitigkeiten und Verwicklungen sowie die beklagenswerte Unfähigkeit der Diplomatie in den letzten Wochen auf allen Seiten waren ebenso wenig die Ursache des Krieges wie die Ermordung des Erzherzogs , auch wenn immer wieder besondere Dokumente angefertigt werden, um einen falschen Eindruck zu erwecken.

Die Ursachen waren weitreichend und tiefgreifend und es ist zweifelhaft, ob selbst zukünftige Historiker in der Lage sein werden, die Schuld zwischen den beteiligten Mächten mit einer gewissen Genauigkeit zuzuordnen.

Lord Cecil von Chelwood hat vor kurzem den Finger auf die unzweifelhafteste aller zugehörigen und unmittelbaren Ursachen gelegt. In einer Rede in der Stadt im Jahr 1927 verwies er auf »den gigantischen Rüstungswettlauf vor dem Krieg« und sagte:

> »Niemand kann leugnen, dass die durch die Rüstungswettläufe erzeugte Geisteshaltung den Boden bereitete, auf dem die schreckliche Pflanze wuchs, die schließlich im Krieg Früchte trug.«

Die oben angeführten Zitate reichen aus, um zu zeigen, dass die Alleinschuld des Feindes ebenfalls ein Mythos aus Kriegszeiten ist. Der große Erfolg der Propaganda hinterlässt jedoch für lange Zeit Eindruck in den Köpfen derjenigen, die sich für ihre Unterstützung des Krieges rechtfertigen wollen, und derjenigen, die sich nicht die Mühe gemacht haben, die späteren Rückzieher und Leugnungen zu verfolgen. Darüber hinaus wird der Mythos vor einer »unprovozierten Aggression« in Form von Angst so weit wie möglich im Bewusstsein der Öffentlichkeit verankert und zur wichtigsten, gar einzigen Rechtfertigung für die Vorbereitung eines weiteren Krieges.

5. Der Durchmarsch russischer Truppen durch Großbritannien

Keine Wahnvorstellung war während des Krieges weiter verbreitet als der Glaube in den letzten Monaten des Jahres 1914, dass russische Truppen durch Großbritannien an die Westfront zögen. Nichts veranschaulicht besser, wie leichtgläubig die Öffentlichkeit in Kriegszeiten ist und welch günstigen Boden sie für die Kultivierung von Unwahrheiten bietet.

Es ist schwer zu sagen, wie das Gerücht eigentlich entstanden ist. Es wurden in der Folgezeit verschiedene mehr oder weniger humorvolle Vermutungen angestellt: von einem Telegramm, das die Ankunft einer großen Zahl russischer Eier ankündigte, die als »Russen« bezeichnet wurden; von dem großen, bärtigen Mann, der vom Fenster eines Zuges aus verkündete, er käme von »Ross-shire«; und von dem aufgeregten französischen Offizier mit schlechter englischer Aussprache, der in Frontnähe umherlief und rief: »Where are de rations?« Doch General Suchomlinow erklärt in seinen Memoiren, dass Sir George Buchanan, der britische Botschafter in Russland, tatsächlich um die Entsendung »eines kompletten russischen Armeekorps« nach England gebeten habe, und dass englische Schiffe für den Transport dieser Truppen nach Archangelsk gebracht werden sollten. Er fügt hinzu, der russische Generalstab sei zu dem Schluss gekommen, dass »Buchanan seinen Verstand verloren habe«.

Was auch immer der Ursprung gewesen sein mag, das Gerücht verbreitete sich wie ein Lauffeuer und aus allen Teilen des Landes kamen Aussagen von Menschen, die die Russen gesehen haben wollten. Sie saßen in Zügen mit heruntergelassenen Fensterläden und stampften auf Bahnsteigen den Schnee von ihren Stiefeln; in Carlisle und Berwick-upon-Tweed riefen sie heiser nach »Wodka« und in Durham warfen sie einen Rubel in den Geldspielautomaten. Die Anzahl der Truppen variierte je nach der Vorstellungskraft des Zeugen.

Da das Gerücht unzweifelhaft militärischen Wert hatte, unternahmen die Behörden nichts, um es aus der Welt zu räumen. Es tauchte ein Telegramm aus Rom auf, das »die offizielle Nachricht von der Konzentration 250 000 russischer Truppen in Frankreich« übermittelte. In Bezug auf dieses Telegramm erklärte das Pressebüro, »dass die darin enthaltenen Aussagen nicht bestätigt wurden, es aber keine Einwände gegen ihre Veröffentlichung gab«. Da die Nachrichten streng zensiert wurden, diente die Veröffentlichung dieses Telegramms dazu, das Gerücht zu bestätigen und die falschen Zeugen zu beschäftigen.

Am 9. September 1914 erschien der folgende Artikel in den *Daily News*:

> »Die offizielle Genehmigung für die Veröffentlichung des Obenstehenden (des Telegramms aus Rom) hebt die Zurückhaltung der Zeitungen hinsichtlich der Gerüchte auf, die in den letzten zwei Wochen mit so erstaunlicher Beharrlichkeit in ganz England kursierten. Was auch immer die Wahrheit über die russischen Streitkräfte im Westen sein mag, die Allgegenwärtigkeit der besagten Gerüchte war so außergewöhnlich, dass sie fast noch unglaublicher sind, wenn sie falsch sind, als wenn sie stimmen. Entweder hat ein unbegründetes Gerücht eine vielleicht noch nie dagewesene Verbreitung und Glaubwürdigkeit erlangt, oder es stimmt, so unglaublich es auch erscheinen mag, dass russische Truppen, in welcher Zahl auch immer, gelandet und durch dieses Land gezogen sind, während nicht einer von zehntausend Menschen mit Gewissheit sagen konnte, ob ihre Existenz nicht ein Mythos war.«

Die Presse war insgesamt zurückhaltend, da sie eine Falle fürchtete, und die *Daily Mail* vermutete, dass die Erklärung des russischen Generalkonsuls, dass »etwa 5 000 russische Reservisten die Erlaubnis haben, den Alliierten zu dienen«, der Grund für das Gerücht sein könne. Wie ein beliebtes Buch verbreitete sich das Gerücht eher durch mündliche persönliche Kommunikation als durch Pressemitteilungen.

Am 14. September 1914 griff die *Daily News* das Thema erneut auf:

> »Wie aus der langen Depesche unseres Sonderkorrespondenten Mr. P. J. Philip hervorgeht, arbeiten die russischen Truppen jetzt mit den Belgiern

zusammen. Diese Information beweist die Richtigkeit der allgemeinen Vermutung, dass russische Truppen durch England gezogen sind.«

(Daily News, 14. September 1914)
(Depesche)

»Heute Nacht fand ich in einer Abendzeitung die Meldung ›de bonne source‹, dass die deutsche Armee in Belgien zerschlagen worden ist ... durch die belgische Armee, verstärkt durch russische Truppen. Nach dem letzten Satz musste ich selbst zum Stift greifen. Seit zwei Tagen befinde ich mich auf einem langen Marsch auf der Suche nach den Russen, und jetzt habe ich sie gefunden – zu sagen, wo und wie, wäre indiskret. Doch es genügt die öffentliche Aussage, dass sie hier sind, und ich kann aus eigenem Wissen für ihre Anwesenheit bürgen.«

Ein offizielles Dementi des Kriegsministeriums wurde in den *Daily News* vom 16. September 1914 veröffentlicht.

Die *Daily Mail* vom 9. September 1914 beinhaltete einen scherzhaften Artikel über das russische Gerücht und schloss:

»Aber jetzt erfahren wir aus Rom, dass die Russen in Frankreich sind. Wie sollen wir alle uns bei den Bernets, Bocklers und Pendles entschuldigen, wenn sie doch recht hatten?

Mr. King fragte den Untersekretär für Kriegsangelegenheiten, ob er, ohne die militärischen Interessen der Alliierten zu verletzen, sagen könne, ob russische Truppen über Großbritannien in die westliche Zone des Europäischen Krieges befördert worden sind?

Der Untersekretär für Kriegsangelegenheiten (Mr. Tennant): ›Ich bin mir nicht sicher, ob es meinen verehrten Freund erfreuen oder enttäuschen wird, zu erfahren, dass keine russischen Truppen durch Großbritannien in die westliche Zone des Europäischen Krieges befördert worden sind.‹«

(House of Commons, 18. November 1914)

6. Die verstümmelte Krankenschwester

Es wurden viele Gräuelgeschichten in Umlauf gebracht, die sich weder beweisen noch widerlegen ließen, doch in den ersten Monaten des Krieges wurde die Öffentlichkeit von einer schrecklichen Geschichte barbarischer Grausamkeit erschüttert, die vollständig wiedergegeben werden kann. Sie ist ein bemerkenswertes Beispiel für den Einfallsreichtum eines einzelnen, vorsätzlichen Lügners.

Die Tragödie einer Krankenschwester.

»Dumfrieser Mädchen Opfer entsetzlicher Grausamkeit.

Die Nachricht vom schockierenden Tod einer jungen Frau aus Dumfries, der Krankenschwester Grace Hume, die bei Kriegsausbruch nach Belgien ging, hat Dumfries erreicht. Schwester Hume war im Lagerkrankenhaus in Vilvoorde tätig und wurde Opfer schrecklicher Grausamkeit durch deutsche Soldaten. Ihr wurden die Brüste abgeschnitten und sie starb unter großen Qualen. Die Familie von Schwester Hume erhielt einen Brief, den sie kurz vor ihrem Tod geschrieben hatte. Er war auf den 6. September datiert und lautete: ›Liebe Kate, dies ist ein Lebewohl. Habe nicht mehr lange zu leben. Das Krankenhaus wurde in Brand gesetzt. Deutsche grausam. Einem Mann hier wurde der Kopf abgeschlagen. Meine rechte Brust wurde mir genommen. Liebe Grüße an --- Lebewohl. Grace‹.

Nachdem Schwester Hume diese Nachricht geschrieben hatte, wurde ihr die linke Brust abgetrennt. Sie war eine dreiundzwanzigjährige junge Frau und arbeitete ehemals als Krankenschwester im Huddersfield Hospital.

Schwester Mullard aus Inverness übergab die Nachricht persönlich an Humes Schwester in Dumfries. Sie war ebenfalls in Vilvoorde und berichtet, dass Schwester Hume sich wie eine Heldin verhalten hat. Ein Deutscher griff einen verwundeten Soldaten an, den Schwester Hume gerade ins Krankenhaus brachte. Die Krankenschwester nahm sein Gewehr und erschoss den Deutschen.« (*The Star*, 16. September 1914)

Brief von Schwester Mullard an Miss Hume.

»Ihre Schwester Grace Hume hat mich darum gebeten, Ihnen den beigefügten Brief zu übergeben. Mein Name ist Schwester Mullard und ich war bei Ihrer Schwester, als sie starb. Unser Lagerkrankenhaus in Vilvoorde ist bis auf die Grundmauern niedergebrannt. Von 1517 Männern und 23 Krankenschwestern konnten nur 19 Krankenschwestern gerettet werden, 149 Männer sind entkommen. Grace bat mich, Ihnen zu sagen, dass ihre letzten Gedanken --- und Ihnen galten und Sie sich keine Sorgen um sie machen sollen, weil sie zu ihrem Jack gehen würde. Das waren ihre letzten Worte. In ihren letzten Stunden hat sie große Qualen gelitten. Einer der Soldaten (unsere Männer) erwischte zwei deutsche Soldaten dabei, wie sie ihr die linke Brust abschneiden wollten, die rechte war bereits abgetrennt. Sie wurden auf der Stelle von unseren Soldaten getötet. Grace schaffte es, die beiliegende Nachricht zu schreiben, bevor ich sie fand. Wir alle denken, dass deine Schwester eine Heldin war. Sie suchte draußen auf den Schlachtfeldern nach verwundeten Soldanten, und als sie dann einen mitbrachte, wurde sie von einem Deutschen angegriffen. Sie warf die Waffe des Soldaten nach ihm und erschoss ihn mit ihrem Gewehr. Natürlich sind alle Krankenschwestern hier bewaffnet. Ich habe soeben die Nachricht erhalten, dass ich packen soll, um nach Schottland zu reisen. Werde versuchen, Ihnen diese Nachricht zu überbringen, denn hier gibt es keine Post und wir müssen das Beste aus einer kaputten Lore als Unterkunft machen. Teile Ihnen nähere Einzelheiten mit, wenn ich Sie sehe. Wir haben Verstärkung bekommen und sind jetzt alle in Sicherheit.«

Im *Evening Standard* erschien ein gekürzter Bericht mit dem Hinweis: »Diese Nachricht wurde dem Pressebüro übermittelt, das keine Einwände gegen die Veröffentlichung erhebt und keine Verantwortung für die Richtigkeit der Aussage übernimmt.«

»Am Mittwoch wurde in mehreren Abendzeitungen von einer Geschichte berichtet, die sowohl wegen ihrer besonderen Grausamkeit als auch wegen der ausführlichen Einzelheiten besondere Aufmerksamkeit erregte. Wir glauben, sie wurde erstmals am Mittwochmorgen im *Dumfries Standard* veröffentlicht und handelt von einer englischen Krankenschwester, die in Belgien mit abscheulichster Grausamkeit von Deutschen getötet worden sein soll. Diese Krankenschwester stammte aus Dumfries, und dem *Dumfries Standard* zufolge wurde ihrer Schwester die Geschichte von einer anderen Krankenschwester aus Belgien erzählt, die sie auch in einem Brief niederschrieb. Außerdem veröffentlichte der *Dumfries Standard* die Kopie eines Briefes, den die ermordete Krankenschwester an ihre Schwester in Dumfries geschrieben haben soll, als sie im Sterben lag. Die Geschichte schien daher besonders glaubwürdig zu sein und sie wurde, wie bereits gesagt, von einer Reihe renommierter Londoner Abendzeitungen veröffentlicht, darunter der *Pall Mall and Westminster Gazette*, dem *Globe*, dem *Star* und dem *Evening Standard*. Am späten Mittwochabend stellte sich jedoch heraus, dass diese Meldung vollkommen falsch ist, da die betreffende Krankenschwester sich in Wirklichkeit in Huddersfield aufhielt und nie in Belgien gewesen war, obwohl sie sich freiwillig für den Frontdienst gemeldet hatte. Die einzige Tatsache bleibt, dass ihre Schwester in Dumfries laut *Yorkshire Post* aussagte, von einer ›Schwester Mullard‹ besucht worden zu sein, die sich als Krankenschwester aus Belgien ausgab, ihr die Geschichte erzählte und ihr den Brief ihrer Schwester gab, dessen Handschrift der ihrer Schwester ähnelte.« (Vorsitzender der *Times*, 18. September 1914)

Die *Times* fordert eine Untersuchung und vermutet, dass die Geschichte von deutschen Agenten erfunden worden sein könnte, um alle Berichte über Gräueltaten zu diskreditieren.

»Kate Hume,17 Jahre alt, wurde gestern in Dumfries vor dem stellvertretenden Sheriff Primrose angeklagt, einen gefälschten Brief verfasst zu haben, der angeblich von ihrer Schwester Grace Hume in Huddersfield geschrieben worden ist. Aufgrund der Empfehlung ihres Beraters verweigerte sie jede Aussage und wurde in ein Gefängnis eingewiesen, wo sie ihren Prozess erwartet.« (*The Times*, 30. September 1914)

»Der Fall landete vor dem High Court in Dumfries und es wurde nachgewiesen, dass Kate Hume (die Schwester) die ganze Geschichte erfunden und sowohl den Brief ihrer Schwester als auch den von ›Schwester Mullard‹ gefälscht und an die Presse übermittelt hatte.«

(*The Times*, 29. Dezember 1914)

7. Der verbrecherische Kaiser

Nachdem man den Feind zum Alleinschuldigen und Verursacher des Krieges erklärt hat, ist der nächste Schritt die Personifizierung des Feindes. Da eine Nation aus Millionen von Menschen besteht und die absurde Analogie zwischen einem einzelnen Verbrecher und einer Nation selbst für mäßig intelligente Menschen sichtbar werden dürfte, ist es notwendig, eine Einzelperson zu bestimmen, auf die sich der gesamte Zorn eines unschuldigen Volkes richten kann, das sich nur gegen eine »unprovozierte Aggression« verteidigt. Der Souverän ist dafür die naheliegendste Wahl. Obwohl der Kaiser bei vielen Gelegenheiten durch sein Getöse und seine Prahlerei Gegenstand von Spott oder Beleidigung war, erschien sein Porträt vor einigen Jahren mit der Unterschrift »Ein Freund in der Not ist ein wahrer Freund« in der *Daily Mail*. Und noch am 17. Oktober 1913 schrieb die *Evening News*:

> »Wir alle schätzen den Kaiser als sehr edelmütigen Gentleman, dessen Wort mehr gilt als die Versprechen manch anderer, ein Gast, den wir immer gerne willkommen heißen und dessen Abschied wir bedauern, einen Herrscher, dessen Bestrebungen für sein Volk auf ebenso gutem Recht beruhen wie unsere eigenen.«

Als das Signal ertönte, konnte man all das jedoch vergessen und die entgegengesetzte Richtung einschlagen. Der Kaiser erwies sich als das vielversprechendste Objekt für gezielte Beleidigungen. Das war so erfolgreich, dass es bald unmöglich wurde, zu übertreiben; öffentlich und privat wurde ihm jedes erdenkliche Verbrechen vorgeworfen, und dabei blieb es während des gesamten Krieges. Man durchleuchtete seine Vergangenheit, was ihn sehr in Misskredit brachte. Im Hinblick auf seinen Wunsch, Großbritannien zu bekämpfen, während wir in den Burenkrieg verwickelt waren, lieferten die Tatsachen allerdings einen bedauerlichen Widerspruch zu den Vorwürfen, wie die folgenden zwei Auszüge zeigen:

> »Delcassé hat die deutschen Anträge für ein kontinentales Bündnis gegen uns während des Burenkrieges mithilfe des Zaren beiseitegeschoben.«
> (*The Times*, 14. Oktober 1915. Leitartikel zum Rücktritt von Delcassé)

> »Zur Zeit des Südafrikanischen Bürgerkrieges waren andere Nationen dazu bereit, die Buren unter der Voraussetzung zu unterstützen, dass Deutschland dasselbe tat. Der Kaiser weigerte sich.«
> (General Botha, berichtet in den *Daily News*, 3. September 1915)

Aber über seine Verbrechen im Großen Krieg gab es keine Meinungsverschiedenheiten. Er hatte Anfang Juli 1914 in Potsdam einen geheimen Rat der Mittelmächte einberufen, auf dem beschlossen wurde, Europa den Krieg zu erklären. Dieser geheime Plan wurde erstmals im September 1914 von einer niederländischen Zeitung aufgedeckt. Die Geschichte wurde von der *Times* am 28. Juli 1917 und wieder im November 1919 aufgegriffen. Man glaubte sie sogar in Deutschland, bis Berichte verschiedener mit dem Kaiser in Kontakt stehender Offiziere darüber auftauchten, wie der Kaiser dieser Tage seine Zeit verbrachte, und sie schließlich durch die Aussagen all derer, die angeblich beteiligt waren, als Mythos enttarnt wurde. Das war im Jahr 1919, nachdem die Geschichte ihren Zweck erfüllt hatte.

Von den tausend Verweisen auf das kriminelle Verhalten des Kaisers seien hier nur einige wenige Beispiele genannt.

> »Er (der Feind) beginnt, den verzweifelten Charakter des Unterfangens zu erkennen, auf das der Kaiser sich eingelassen hat, als er diesen Krieg mutwillig begann.« (*Daily Mail*, 1. Oktober 1914)

Der folgende Brief des verstorbenen Sir W. B. Richmond aus der *Daily Mail* vom 22. September 1914 ist ein anschauliches Beispiel für die gängige Meinung:

»Weder England noch das zivilisierte Europa und Asien werden vor dem wahnsinnigen Wilhelm erzittern, auch wenn die Kathedrale von Reims auf seinen Befehl hin zerstört wurde.

Diese letzte Tat des Barbarenoberhauptes wird uns alle nur noch enger zusammenschweißen, um eine Plage loszuwerden, wie sie die zivilisierte Welt noch nie gesehen hat.

Der Irre stapelt die Holzscheite seines eigenen Scheiterhaufens. Wir dürfen keine Angst vor dem Ungeheuer haben; wir werden die Zähne zusammenbeißen in der Entschlossenheit, dass der moderne Judas und seine Höllenbrut ausgelöscht werden, auch wenn wir bis auf den letzten Mann sterben.

Um dieses rechtschaffene Ziel zu erreichen, müssen wir geduldig, beharrlich und auch energisch sein.

Unser großartiges England wird bereitwillig sein Blut vergießen, um die Zivilisation von einem verbrecherischen Monarchen und einem verbrecherischen Gericht zu befreien, die es geschafft haben, aus einem fügsamen Volk eine Horde von Wilden zu machen. Sir James Crichton Browne hat in Dumfries gesagt: ›Einen Strick für den Kaiser‹; ihn zu erschießen würde bedeuten, ihm den ehrenhaften Tod eines Soldaten zu gewähren. Der Strick ist die Strafe für diesen Verbrecher.«

(*Daily Mail*, 22. September 1914)

»Lord Robert Cecil sagte, dass die deutschen Machthaber, der Kaiser und diejenigen, die ihn eng berieten, für die schrecklichen Schandtaten, die massiven Verstöße gegen jedes Gesetz und jede Sitte der zivilisierten Kriegsführung, die die Deutschen begangen haben, verantwortlich sind und dass unsere Bestrafung und unser Zorn wenn möglich sie treffen sollte.« (*The Times*, 15. Mai 1915)

»Auf Befehl dieses gekrönten Verbrechers wurden Städte niedergebrannt, alte Männer und Kinder ermordet, Frauen und junge Mädchen misshandelt, harmlose Fischer ertränkt. Er wird sich ›an dem großen Tag, an dem die ganze Welt gerichtet wird‹, für die Opfer der Falaba und der Lusitania verantworten müssen.«

(Der Leiter zur Aberkennung des Hosenbandordens des Kaisers, *Daily Express*, 14. Mai 1915)

In einer Karikatur des *Punch* von 1918 wurde der Kaiser als Kain dargestellt. Darunter stand: »Mehr als 14 000 Unbeteiligte sind auf Befehl des Kaisers ermordet worden.«

Auf Plakatwänden war ein Porträt des Kaisers abgebildet, das Gesicht aus Leichen zusammengesetzt und den Mund triefend vor Blut. Das französische Pendant dazu war »Guillaume le Boucher«, der Kaiser in einer Schürze mit einem riesigen, bluttriefenden Messer. Weil er so leicht zu zeichnen war, war er ein ideales Motiv für den Karikaturisten.

Da das Märchen verbreitet und in den alliierten Ländern allgemein anerkannt wurde, sahen sich die alliierten Staatsmänner gezwungen, eine dementsprechende Klausel in den Friedensvertrag mitaufzunehmen:

> »Die alliierten und assoziierten Mächte klagen Wilhelm II. von Hohenzollern, den ehemaligen deutschen Kaiser, wegen eines schwerwiegenden Verstoßes gegen die internationale Moral und die Unverletzlichkeit der Verträge öffentlich an ...«

... und beschreiben dann die Zusammensetzung des »Sondergerichts«, vor das er gestellt werden sollte.

Nachdem die Alliierten sich durch eine Klausel im Friedensvertrag zum Prozess gegen den Kaiser verpflichtet hatten, waren sie gezwungen, am 16. Januar 1920 eine Nachricht an die niederländische Regierung zu schicken, in der sie die »ungeheure Verantwortung« des Kaisers betonten und seine Auslieferung forderten, »damit er vor Gericht gestellt werden kann«. Die Weigerung der niederländischen Regierung vom 23. Januar wurde ohne weiteres akzeptiert und bewahrte die alliierten Regierungen davor, sich hoffnungslos lächerlich zu machen. Doch noch bevor die Entscheidung öffentlich bekannt gegeben wurde und nachdem man sich persönlich versichert hatte, dass die Regierung von Holland, wohin der Kaiser geflohen war, ihn nicht ausliefern würde, wurde die Kampagne »Hängt den Kaiser« gestartet. Bei den General Elections von 1918 verloren die Kandidaten Stimmen, die mit dieser Politik nichts zu tun haben wollten.

Die Kampagne wurde allerdings gestartet, bevor die Entscheidung der niederländischen Regierung bekannt gegeben wurde.

> »Der Herrscher (der Kaiser), der dreißig Jahre lang für ihren Stolz, ihre Majestät und ihre Macht gesprochen hat, ist jetzt ein Flüchtling, der bald vor die Gerichte derjenigen Länder gestellt wird (lauter Beifall), die er

im Interesse seines Landes einzuschüchtern versucht hat.« (Mr. Lloyd George, House of Commons, 3. Juli 1919)

Tatsächlich bestand nicht die geringste Absicht, etwas so Abwegiges zu tun, wie den Kaiser anzuklagen. Außerdem glaubte niemand, der die Fakten kannte, dass er in irgendeiner Weise persönlich für den Kriegsausbruch verantwortlich war. Er war immer bloß eine unbedeutende Galionsfigur, die weder den Mut hatte, einen Krieg zu beginnen, noch die Macht, ihn zu beenden.

Sein Biograph Emil Ludwig (*Kaiser Wilhelm II.* von Emil Ludwig) hat die schärfste Anklage gegen ihn verfasst, die je in irgendeiner Sprache geschrieben wurde, und enthüllt seine Eitelkeit, seinen Größenwahn und seine Unfähigkeit. Doch weit davon entfernt, ihn zu beschuldigen, den Krieg gewollt oder angezettelt zu haben, verweist der Autor immer wieder auf die friedfertige Haltung des Kaisers. »In allen europäischen Entwicklungen zwischen 1908 und 1914 war der Kaiser friedfertiger, sogar weitsichtiger als seine Berater.« Zur Zeit der Marokkokrise »war der Kaiser friedlich gesinnt«, und in den letzten Julitagen 1914 sagt Ludwig über Deutschland, Österreich und Russland:

> »Drei Kaiser, die erklärtermaßen gegen den Krieg waren, wurden durch den Ehrgeiz, die Rachsucht und die Unfähigkeit ihrer Minister in einen Konflikt hineingetrieben, dessen Gefahr für ihre Herrschaft sie alle drei von Anfang an erkannten und, wenn auch nur aus diesem Grund, zu vermeiden suchten.«

Selbst Lord Grey sagt jetzt, wo alles vorbei ist:

> »Wenn es nach ihm (dem Kaiser) gegangen wäre, wäre aus dem österreichich-serbischen Konflikt kein Krieg entstanden.«
>
> (*Twenty-Five Years*, Bd. II, S. 25)

Nichtsdestotrotz wurde der Kaiser als Bösewicht der Geschichte in den alliierten Ländern bis 1919 als Inkarnation allen Übels dargestellt.

Diese sehr einfache Form der Propaganda hatte einen großen Einfluss auf die Gefühle der Bevölkerung. Ohne Zweifel hatten Tausende, die sich freiwillig meldeten, den Eindruck, dass das Hauptziel des Krieges war, dieses Ungeheuer zu fangen, ohne zu wissen, dass Krieg wie Schach ist: Man kann den König nicht während des laufenden Spiels schlagen; das verstößt gegen die Regeln. Es würde das Spiel verderben. Aus dem gleichen Grund wurden auf beiden Seiten nie die Hauptquartiere bombardiert, denn wie ein Soldat es treffend ausdrückte: »Verstehen Sie nicht: Das würde der ganzen blutigen Sache ein Ende setzen.« Da der Kaiser aber während des Krieges unglücklicherweise nicht gefasst oder getötet wurde, setzten die Menschen ihre Hoffnung darauf, dass er nach Kriegsende vor Gericht gestellt und gehängt würde. Wenn er so war, wie er beschrieben wurde, war das das Mindeste, das man erwarten konnte.

Als sich im Laufe der Monate und Jahre herausstellte, dass keiner der Verantwortlichen wirklich an seine persönliche Schuld glaubte oder je geglaubt hatte, dass der Ruf »Hängt den Kaiser« ein vorsätzlicher Schwindel gewesen ist und dass er, der Verbrecher, das Ungeheuer, der Verschwörer und Urheber der ganzen Katastrophe, bequem und friedlich in Holland leben durfte, als alles vorbei war, war die Ernüchterung der einfachen, uninformierten Menschen viel größer, als man sich hätte vorstellen können. Es war die Aufdeckung dieser simplen Unwahrheit, die viele schlichte Menschen dazu brachte, sich zu fragen, ob sie nicht auch in anderen Zusammenhängen getäuscht worden waren.

8. Der belgische Säugling ohne Hände

Der belgische Säugling, dem die Deutschen die Hände abgeschnitten hatten, reiste nicht nur durch die Städte und Dörfer Großbritanniens, sondern auch durch Westeuropa und Amerika bis in den Fernen Westen. Niemand wurde stutzig und fragte sich, wie lange ein Säugling mit abgetrennten Händen überleben könnte, wenn nicht fachkundige chirurgische Hilfe zur Stelle wäre, um die Arterien zu verschließen (die Antwort lautet: nur wenige Minuten). Jeder wollte die Geschichte glauben, und viele gingen so weit zu behaupten, sie hätten den Säugling gesehen. Die Lüge wurde genauso allgemein akzeptiert wie der Durchmarsch der russischen Truppen durch Großbritannien.

> »Ein Mann, den ich nicht getroffen habe, erzählte einem Amtsträger der Katholischen Kirche, er habe mit eigenen Augen gesehen, wie deutsche Soldanten einem Säugling, der sich an die Röcke seiner Mutter klammerte, die Arme abgehackt hätten.«
>
> (*The Times*-Korrespondent in Paris, 27. August 1914)

Am 2. September 1914 zitiert der Korrespondent der *Times* französische Flüchtlinge, die behaupten: »Sie schneiden den kleinen Jungen die Hände ab, damit es keine weiteren Soldaten mehr für Frankreich gibt.«

Bilder von Säuglingen ohne Hände waren auf dem Kontinent sehr beliebt, sowohl in Frankreich als auch in Italien. Am 18. September 1915 veröffentlichte *Le Rive Rouge* ein solches Bild und machte es am 26. Juli 1916 noch reißerischer, indem es deutsche Soldaten darstelle, die die Hände aßen. *Le Journal* druckte am 30. April 1915 ein Foto von einer Statue eines Kindes ohne Hände, doch das grausamste Bild von allen, ohne jedwede karikative Merkmale, wurde von den Alliierten aus Propagandazwecken in der *Critica* in Buenos Aires veröffentlicht. (Nachgedruckt in der *Sphere* vom 30. Januar 1925.) Die Überschrift des Bildes lautete »Die Bibel vor allem«, und darunter stand: »Lasset die Kindlein zu mir kommen.« Der Kaiser steht mit einer Axt hinter einem riesigen Block, seine Hände dunkel mit Blut befleckt. Um den Block herum liegen Hände aufgestapelt. Er winkt einer Frau, ihr eine Gruppe von Kindern zu bringen, die sich an sie klammern, einigen sind die Hände bereits abgetrennt worden.

Den Säuglingen wurden nicht nur die Hände abgeschnitten, sie wurden auch auf Bajonette gespießt und einmal sogar an die Tür genagelt. Aber jeder wird sich an den handlosen belgischen Säugling erinnern. In Bussen und an anderen öffentlichen Plätzen sprach man laut darüber, er wäre in einem Krankenhaus gesehen worden, befände sich jetzt in der nächsten Gemeine et cetera. Man führte ihn vor, nicht als Einzelfall einer Gräueltat, sondern als typisches Beispiel für eine gängige Praxis.

Im Parlament griff man auf die übliche Ausflucht zurück, der zufolge die Geschichte wahr sein sollte, obwohl der einzig vorliegende Beweis die Aussage »von Zeugen gesehen« war.

Mr. A. K. Lloyd fragte den Ersten Lord des Schatzamtes, ob Mittel zur Verfügung stehen, um die Überlebenden unter den Kindern zu identifizieren und ausfindig zu machen, deren Hände von den Deutschen abgehackt wurden und deren Fälle im Bericht des Bryce-Komitees erwähnt werden; und, falls ja, ob er die Möglichkeit in Betracht ziehen wird, diese Informationen vertraulich oder auf andere Weise für diejenigen zugänglich zu machen, die an der Zukunft dieser Überlebenden interessiert sind.

Sir G. Gave: »Mein ehrenwerter Freund hat mich gebeten, diese Frage zu beantworten. Zwei Fälle ausgenommen, in denen die Kinder, die auf diese Weise verstümmelt wurden, von Zeugen gesehen wurden, waren die Kinder entweder tot oder starben an den Folgen der Misshandlung, die sie erfahren hatten. Da sich diese Kinder in Belgien befanden, das immer noch von den Deutschen besetzt wird, ist es unwahrscheinlich, dass sie jetzt gefunden werden können, und jeder entsprechende Versuch konnte zur weiteren Verfolgung der Opfer oder ihrer Angehörigen führen.«

Mr. Lloyd: »Wurden nicht auch andere Fälle hier ins Krankenhaus gebracht?«

Sir G. Cave: »Keiner der Fälle, auf die sich die Frage des ehrwürdigen Abgeordneten bezieht.«

(House of Commons, 16. Dezember 1916)

Manchmal sollte die handlose Person auch schon erwachsen sein. Ein Mr. Tyler sagte am 17. April 1915 bei einem Treffen der Bruderschaft in Glasgow, er habe einen Freund in Harrogate, der eine Krankenschwester gesehen hatte, welcher die Deutschen beide Hände abgehackt hatten. Er gab die Adresse seines Informanten an. Man schickte sofort einen Brief an den Freund in Harrogate, in dem gefragt wurde, ob die Aussage wahr sei, er wurde allerdings nie beantwortet.

Doch die grauenvollste und kunstfertigste Version der Geschichte des handlosen Kindes erschien am 2. Mai 1915 im *Sunday Chronicle*.

»Vor einigen Tagen besuchte eine wohltätige, bedeutende Dame ein Gebäude in Paris, in dem seit einigen Monaten eine Reihe von belgischen Flüchtlingen untergebracht ist. Während ihres Besuches bemerkte sie ein Kind, ein zehnjähriges Mädchen, das seine Hände in einem bemitleidenswerten, kleinen, abgenutzten Muff hielt, obwohl es in dem Raum ziemlich warm war. Plötzlich sagte das Kind zu seiner Mutter: ›Mama, bitte putz mir die Nase.‹

›Schockierend‹, sagte die wohltätige Dame, halb lachend, halb ernst, ›ein großes Mädchen wie du, das nicht einmal sein eigenes Taschentuch benutzen kann.‹

Das Kind sagte nichts, und die Mutter antwortete in einem stumpfen, sachlichen Ton: ›Sie hat keine Hände mehr, Madame.‹ Die Dame sah sie an, erschauderte und verstand. ›Kann es sein‹, fragte sie, ›dass die Deutschen …?‹ Die Mutter brach in Tränen aus. Das war ihre Antwort.«

Signor Nitti, der während des Krieges italienischer Premierminister war, schreibt in seinen Memoiren:

»Um der Welt die Wahrheit über die gegenwärtige europäische Krise vor Augen zu führen, müssen die bösartigen Legenden, die von der Kriegspropaganda geschaffen wurden, wieder und wieder zerstört werden. Während des Krieges hat Frankreich zusammen mit anderen Alliierten, unsere eigene Regierung in Italien eingeschlossen, die absurdesten Fantasien in Umlauf gebracht, um den Kampfgeist unseres Volkes zu wecken. Die Grausamkeiten, die man den Deutschen anlastete, ließ uns das Blut in den Adern gefrieren. Wir hörten die Geschichte von armen, kleinen belgischen Kindern, denen die Hunnen die Hände abgehackt hatten. Nach dem Krieg schickte ein reicher Amerikaner, den die französische Propaganda zutiefst berührt hatte, einen Abgesandten nach Belgien, um den Kindern, deren arme kleine Hände abgetrennt worden waren, eine Lebensgrundlage zu verschaffen. Es gelang ihm allerdings nicht, eines zu finden. Mr. Lloyd George und ich führten, als ich an der Spitze der italienischen Regierung stand, umfangreiche Nachforschungen über den Wahrheitsgehalt dieser schrecklichen Anschuldigungen durch, von denen zumindest einige konkret mit Namen und Orten genannt wurden. Jeder untersuchte Fall erwies sich als Mythos.«

Colonel Repington schreibt in seinem *Diary of the World War*, Bd. II, S. 447:

»Kardinal Gasquet erzählte mir, der Papst habe versprochen, weltweit einen gewaltigen Protest zu erheben, wenn auch nur ein einziger Fall von Schändung belgischer Nonnen oder Abschneiden von Kinderhänden nachgewiesen werden könnte. Es wurde eine Untersuchung eingeleitet und man untersuchte viele Fälle mithilfe des belgischen Kardinals Mercier. Kein einziger Fall konnte nachgewiesen werden.«

Der ehemalige französische Minister Klotz, dem zu Kriegsbeginn die Pressezensur anvertraut worden war, schreibt in seinen Memoiren (*De la Guerre à la Paix*, Paris, Payot, 1924):

»Eines Abends zeigte mir jemand eine Ausgabe des Figaro, in der zwei angesehene Wissenschaftler behaupteten und mit ihrer Unterschrift bestätigten, dass sie mit eigenen Augen etwa hundert Kinder gesehen hätten, deren Hände von Deutschen abgehackt worden waren.

Trotz der Beweise dieser Wissenschaftler hatte ich Zweifel an der Richtigkeit des Berichts und verbot seine Veröffentlichung. Als der Herausgeber des *Figaro* seine Empörung zum Ausdruck brachte, erklärte ich mich bereit, diese Angelegenheit, die die Welt in Aufruhr versetzen würde, in Anwesenheit des amerikanischen Botschafters zu untersuchen.

Ich verlangte jedoch, dass die beiden Wissenschaftler den Namen des Ortes nennen sollten, an dem die Nachforschungen durchgeführt werden sollten. Ich bestand darauf, dass diese Angaben unverzüglich gemacht werden. Bis heute habe ich weder eine Antwort noch einen Besuch von ihnen erhalten.«

Doch diese Lüge hat die Fantasie der Menschen so in ihren Bann gezogen, dass sie noch lange nicht tot ist. Vor kurzem hat ein Dichter aus Liverpool in einem Band mit dem Titel »A Medley of Song« die folgenden Verse als »patriotisches« Gedicht verfasst:

»Sie haben den ersten wahnsinnigen Ansturm aufgehalten.
Der kultivierte deutsche Hunne,
Der jede Belgierin erzürnt hat
Und verstümmelte jedes Mutters Sohn.«

9. Das Altarbild aus Löwen

Auf der Friedenskonferenz forderten die belgischen Vertreter die Flügel des Altarbildes von Dierick Bouts als Ausgleich für das berühmte Altarbild aus Löwen, ein wertvolles Kunstwerk, das ihnen zufolge absichtlich von einem deutschen Offizier in die Flammen der brennenden Bibliothek geworfen worden war. Die Geschichte wurde anerkannt und die beiden Bilder übergeben. Doch sie entsprach nicht der Wahrheit.

Der *New Statesman* vom 12. April 1924 gibt die Tatsachen wieder:

> »Das Altarbild von Dierick Bouts wurde weder von den Deutschen noch von irgendjemand anderem in die Flammen geworfen. Das Bild ist noch immer in Löwen, vollkommen unversehrt, und die Deutschen haben es nicht zerstört, sondern bewahrt. Ein deutscher Offizier rettete es vor den Flammen und übergab es dem Bürgermeister, der es zur sicheren Verwahrung in die Gewölbe des Rathauses bringen und dort einmauern ließ. Es wurde ordnungsgemäß wieder herausgeholt.«

10. Die verächtliche kleine Armee

Ohne Zweifel war die erfolgreichste Parole für Rekrutierungszwecke während des gesamten Verlaufs des Krieges die Phrase »Die verächtliche kleine Armee«, die der Kaiser in Bezug auf das britische Expeditionskorps (BEF) verwendet haben soll. Das sorgte natürlich im ganzen Land für heftige Empörung. Die Geschichte dieser Lüge und ihrer Aufdeckung ist äußerst interessant.

In einem Zusatz zu den Routinebefehlen der BEF vom 24. September 1914 hieß es:

Das Folgende ist eine Abschrift der am 19. September vom deutschen Kaiser erlassenen Befehle:

> »Es ist mein königlicher und kaiserlicher Befehl, dass ihr eure Kräfte der unmittelbaren Gegenwart auf ein einziges Ziel konzentriert, nämlich all eure Fähigkeiten und all den Mut meiner Soldaten darauf zu richten, zuerst die verräterischen Engländer zu vernichten und dann die verächtliche kleine Armee des Generals French zu zerschlagen.«
>
> (Hauptquartiere, Aachen, 19. August)
>
> »Das Ergebnis dieses Befehls waren die mit Mons beginnenden Operationen und der Vormarsch der scheinbar übermächtigen Massen gegen uns. Die Antwort der britischen Armee auf die Vernichtungsdrohung wurde bereits gegeben.« (*Printing Co.*, R.E.69)

Die Echtheit dieser offiziellen militärischen Erklärung wurde natürlich nie hinterfragt, auch wenn einmal versucht wurde, sie als falsche Übersetzung auszugeben. Die Empörung war im ganzen Land groß und weit verbreitet.

Der Militärkorrespondent der *Times* sagte über den Kaiser, er habe sich in einem »Zustand höchster Aufregung und Erregbarkeit« befunden und der Leitartikel-Schreiber sagte in Bezug auf die Erklärung (1. Oktober 1914):

> »Trotz des grausamen Befehls des Kaisers ... heute, wurde Frenchs ›verächtliche kleine Armee‹ noch nicht vernichtet.«

Am gleichen Tag druckte die *Times* ein Gedicht mit dem Titel »Frankreichs verächtliche kleine Armee«.

> »Der Kaiser verspottete die britische Armee und bezeichnete sie als ›verächtlich‹, weil sie klein ist. Er fühlte sich grob beleidigt, dass irgendeine Armee, die nicht aus Millionen von Männern bestand, es wagen sollte, die Macht des Hohenzollern anzugreifen, und gegen diesen kleinen britischen David wies er in einer Verkündung, die sicherlich in die Geschichte eingehen wird, seine Goliath-Legionen an, ihre Kräfte zu konzentrieren.«
>
> (*Daily Express*, 2. Oktober 1914)

Mr. Churchill machte in einer Rekrutierungsrede im Londoner Opernhaus am 11. September 1914 großes Aufheben darum.

Im März 1915 erschien in *Punch* eine Karikatur des deutschen Adlers im Gespräch mit dem Kaiser: »Es ist also so: Sie sagten mir, der britische Löwe sei verachtenswert – nun – das ist er nicht.«

Und 1917 (nach dem Kriegseintritt Amerikas) zeigt eine Karikatur den Kronprinzen, der zum Kaiser sagt (während dieser gerade seine nächste Rede vorbereitet): »Um Gottes willen, Vater, sei vorsichtig und nenne die amerikanische Armee nicht ›verachtenswert‹!«

Es gab kein Dorf im ganzen Land, in dem der Ausdruck nicht bekannt war, und keine Provinzzeitung, in der er nicht zitiert wurde, bis der Ausdruck schließlich als Bezeichnung für die Offiziere und Männer der ursprünglichen Expeditionstruppe verwendet wurde. Sie wurden als »*Die alten Verächter*« bekannt.

Eine gründliche Untersuchung der Authentizität dieses »kaiserlichen Befehls« wurde 1925 mit Hilfe eines deutschen Generals, der die Archive in Berlin sorgfältig durchsuchen ließ, und des britischen Generals Sir F. Maurice durchgeführt, der viel Licht in diese Angelegenheit bringen konnte.

Auch wenn die sprichwörtlich törichte Indiskretion des Kaisers jede absurde Äußerung erklären könnte, so war doch bekannt, dass er die Befehle nicht aus eigenem Antrieb erteilte; sie wurden von seinem Stab für ihn vorbereitet, der sicherlich nicht so unwissend war, dass er den deutschen Generälen befehlen konnte, ihre Kräfte auf die Vernichtung einer Armee zu konzentrieren, von der man nicht wusste, wo sie sich befand. Die Unkenntnis über den Verbleib der britischen Armee wird durch ein Telegramm des deutschen Generalstabschefs an von Kluck vom 20. August (dem Tag nach Erteilung des angeblichen Befehls) bewiesen: »Mit der Ausschiffung der Engländer in Boulogne muss gerechnet werden. Die Meinung hier ist jedoch, dass große Ausschiffungen noch nicht stattgefunden haben.«

Außerdem wurde festgestellt, dass das deutsche Hauptquartier nie in Aix la Chapelle war. Das Hauptquartier wurde um den 15. August von Berlin nach Koblenz und später nach Luxemburg verlegt, von wo aus es am 27. September nach Charleville verlegt wurde.

Eine sorgfältige Recherche in den Archiven war erfolglos. Es konnte weder ein solcher noch ein ähnlicher Befehl gefunden werden. Der deutsche General begnügte sich jedoch nicht damit und ließ den Ex-Kaiser direkt in Doorn befragen. In einer Randbemerkung erklärte der Ex-Kaiser, er habe einen solchen Ausdruck nie verwendet, und fügte hinzu: »Im Gegenteil, ich habe immer wieder den hohen Wert der britischen Armee hervorgehoben und auch in Friedenszeiten oft davor gewarnt, sie zu unterschätzen.«

General Sir F. Maurice ließ die deutschen Zeitungsakten nach der angeblichen Rede oder dem Befehl des Kaisers durchsuchen, jedoch ohne Erfolg. In einem Artikel, der die Fälschung entlarvt (*Daily News*, 6. November 1925), merkt er an, dass das G.H.Q. auf die Idee kam, in Routinebefehlen Erklärungen abzugeben, von denen man annahm, dass sie unsere Männer ermutigen und inspirieren würden.

> »Die meisten dieser Erklärungen bestanden darin, die deutsche Armee ins Lächerliche zu ziehen ... Diese Bemühungen wurden von den Männern in den Schützengräben als absurd empfunden und wurden bald wieder verworfen.«

Wir können jetzt über diese Lüge lachen, und einige mögen geneigt sein, dem Offizier, der sie ausgeheckt hat, etwas Anerkennung zu zollen, obwohl er sich über den Verbleib des deutschen G.H.Q. fahrlässig geirrt hat. Es besteht kein Zweifel an ihrem immensen Erfolg, dennoch gibt es viele, die die Meinung eines Gentleman teilen, der an die Presse schrieb (*Nation and Athenaeum*, 8. August 1925), und, nachdem er gehört hatte, dass die Echtheit der bekannten und fast abgedroschenen Phrase angezweifelt wurde, bemerkte, dass es »für unsere nationale Ehre oder für die des ursprünglich verantwortlichen britischen Offiziers äußerst schwerwiegend wäre«, wenn sich herausstellen würde, dass sie eine Erfindung ist.

11. Deutschland über alles

Während des gesamten Krieges wurde viel mit den Anfangszeilen eines deutschen patriotischen Liedes gespielt: »Deutschland über alles auf der ganzen Welt.«

Es muss viele Menschen gegeben haben, die ausreichend Deutsch konnten, um die Bedeutung des Satzes zu verstehen, aber es wurde kein Protest gegen die falsche Übersetzung erhoben, die üblicherweise verwendet wurde, um die aggressiven imperialistischen Ambitionen Deutschlands zu illustrieren. Im Volksmund hieß es: »(Let) Germany (rule) over everywhere in the whole world«, das heißt die deutsche Weltherrschaft.

Lloyd George verwendete es am 20. September 1914 in der Queen's Hall:

> »Die Verträge sind weg, die Ehre der Nationen ist weg, die Freiheit ist weg. Was ist geblieben? Deutschland, Deutschland ist übrig.
>
> Deutschland über alles.«

Im *Punch* wurde es in verschiedenen Cartoons an die erste Stelle gesetzt:

> »Der Kaiser, der auf einer Flöte spielt, hat eine kaputte große Trommel mit der Aufschrift ›Deutschland über alles‹ zurückgelassen.
>
> Der Kaiser beim Versuch einen zerstochenen Luftballon mit der Aufschrift ›Deutschland über alles‹ aufzublasen.
>
> Der Kaiser als Hohepriester des Molochs. Moloch mit der Aufschrift ›Deutschland über alles‹.«

Der Ausdruck wurde in unzähligen Presseartikeln immer wieder zitiert. Als ein prominenter Abgeordneter den Ausdruck in einem Brief an die *Times* verwendete, wurde er auf die von ihm zugeschriebene inkorrekte

Verwendung aufmerksam gemacht. Er räumte den Irrtum ein, schien aber der Ansicht zu sein, dass die anerkannte Bedeutung des Ausdrucks seine Verwendung rechtfertige.

Die falsche Bedeutung verbreitete sich im ganzen Land und im Empire, und das Bildungsministerium in Ontario ging so weit, dass es anordnete, das Lied aus den deutschen Schulbüchern in der ganzen Provinz zu streichen (*The Times*. 19. März 1915).

Selbst nach dem Krieg, im November 1921, erklärte ein führender Autor einer prominenten Zeitung, dass es keinen Frieden in Europa geben würde, solange die Deutschen an ihrer Nationalhymne »Deutschland über alles auf der ganzen Welt« festhielten.

12. Das Baby von Courbeck Loo

Es kommt nicht oft vor, dass wir ein Geständnis der Unwahrheit haben, aber die Geschichte des Babys von Courbeck Loo ist ein erhellendes Beispiel für eine Erfindung, die von ihrem Autor erzählt wird.

Captain F. W. Wilson, ehemaliger Redakteur der *Sunday Times*, erzählte die Geschichte in Amerika im Jahr 1922. Der folgende Bericht erschien in der *New York Times* (wiedergegeben im *Crusader* vom 24. Februar 1922):

> »Ein Korrespondent der Londoner *Daily Mail*, Captain Wilson, befand sich zum Zeitpunkt des Kriegsausbruchs in Brüssel. Sie telegrafierten, dass sie Geschichten über Gräueltaten wollten. Nun, zu dieser Zeit gab es keine Gräueltaten. Also telegrafierten sie, dass sie Geschichten über Flüchtlinge wollten. Daher sagte ich mir: ›Das ist gut, dann muss ich nicht umziehen.‹ Es gab eine kleine Stadt außerhalb Brüssels, wo man zum Abendessen hingehen konnte, einem sehr guten Abendessen. Ich hörte, dass der Hunne dort gewesen war. Ich nahm an, dass es dort ein Baby gegeben haben musste. Also schrieb ich eine herzzerreißende Geschichte über das Baby von Courbeck Loo, das im Licht der brennenden Gehöfte vor den Hunnen gerettet wurde.
>
> Am nächsten Tag telegrafierten sie mir, ich solle das Baby vorbeischicken, da sie etwa fünftausend Briefe mit Adoptionsangeboten hätten. Am nächsten Tag strömte Babybekleidung in das Büro. Sogar Königin Alexandra übermittelte ihr Mitgefühl und schickte einige Kleider. Nun, ich konnte ihnen nicht zurücktelegrafieren, dass es überhaupt kein Baby gab. Also verabredete ich mich schließlich mit dem Arzt, der sich um die Flüchtlinge kümmerte, dass das gesegnete Baby an einer sehr ansteckenden Krankheit starb, sodass es nicht einmal ein öffentliches Begräbnis bekommen konnte.
>
> Und wir haben Lady Northcliffe dazu gebracht, eine Crêche mit all den Babykleidern anzulegen.«

13. Der gekreuzigte Kanadier

Wie so viele andere Geschichten wurde auch diese stark verändert und variiert. Der Gekreuzigte war einmal ein Mädchen, ein anderes Mal ein Amerikaner, meistens aber ein Kanadier.

> »Letzte Woche trafen zahlreiche kanadische Soldaten, die bei den Kämpfen um Ypern verwundet worden waren, im Lazarett in Versculles ein. Sie alle erzählten, wie einer ihrer Offiziere von den Deutschen gekreuzigt worden war. Er wurde mit Bajonetten an Händen und Füßen an eine Wand genagelt, dann wurde ihm ein weiteres Bajonett durch die Kehle getrieben, und schließlich wurde er von Kugeln durchlöchert. Die verwundeten Kanadier sagten, die Dublin Fusiliers hätten dies mit eigenen Augen gesehen und sie hätten gehört, wie die Offiziere der Dublin Fusiliers darüber gesprochen hätten.«
>
> (*The Times*, 10. Mai 1915. Pariser Korrespondent)

> »Es gibt leider gute Gründe zu glauben, dass die von Ihrem Pariser Korrespondenten erzählte Geschichte von der Kreuzigung eines kanadischen Offiziers während der Kämpfe bei Ypern am 22. April 1923 im Wesentlichen wahr ist. Die Geschichte war damals hierzulande bekannt, aber in Ermangelung direkter Beweise und absoluter Gewissheit waren die Menschen nicht bereit zu glauben, dass ein zivilisierter Feind einer so grausamen und wilden Tat schuldig sein könnte.
>
> Ich habe Grund zu der Annahme, dass sich im Besitz des britischen Hauptquartiers schriftliche Aufzeichnungen befinden, die den Fund der Leiche bestätigen. Das unglückliche Opfer war ein Sergeant. Wie mir berichtet wurde, fand man ihn an den Holzzaun eines Bauernhauses gefesselt. Seine Handflächen und Füße waren mit Bajonetten durchbohrt und er war mit Händen und Füßen an den Zaun gefesselt worden. Auf ihn wurde wiederholt mit Bajonetten eingestochen, und sein Körper wies zahlreiche Stichwunden auf. Ich habe nicht gehört, dass einer unserer

Männer das Verbrechen tatsächlich gesehen hat. Es ist durchaus möglich, dass der Mann schon tot war, bevor er an den Zaun gefesselt wurde, und dass der Feind in seiner unbändigen Wut und seinem Hass auf die Engländer Rache an dem leblosen Körper seines Gegners nahm.

Das ist die wohlwollendste Sichtweise, die man auf die Tat werfen kann, so grässlich sie auch ist.

Es gibt keinen einzigen Mann in den Reihen der Kanadier, die in Ypern gekämpft haben, der nicht fest davon überzeugt ist, dass diese abscheuliche Tat begangen worden ist. Sie wissen auch, dass der Feind ihre verwundeten und hilflosen Kameraden in den Schützengräben mit Bajonetten aufgespießt hat.«

(*The Times*, 15. Mai 1915, Korrespondent, Nordfrankreich)

Mr. Houston fragte den Unterstaatssekretär für Kriegsfragen (*UnderSecretary of State for War*), ob er Informationen über die Kreuzigung von drei kanadischen Soldaten habe, die kürzlich von den Deutschen gefangen genommen wurden, die sie mit Bajonetten an die Seite einer Holzkonstruktion genagelt haben.

Mr. Tennant: »Nein, Sir; das Kriegsministerium (War Office) hat noch keine Informationen über eine solche Gräueltat erhalten.«

Mr. Houston: »Ist dem Herrn Abgeordneten bekannt, dass kanadische Offiziere und kanadische Soldaten, die Augenzeugen dieser teuflischen Ausschreitungen waren, eidesstattliche Erklärungen abgegeben haben? Hat der befehlshabende Offizier des Stützpunkts in Boulogne das Kriegsministerium nicht darauf aufmerksam gemacht?«

Mr. Harcourt: »Nein, Sir; wir haben keine Aufzeichnungen darüber.«

(House of Commons, 12. Mai 1915)

Mr. Houston fragte den Unterstaatssekretär für Krieg, ob er über offizielle Informationen verfüge, wonach die Kanadier während der jüngsten Kämpfe, als sie vorübergehend zurückgedrängt wurden, gezwungen waren, etwa vierzig ihrer verwundeten Kameraden in einer Scheune zurückzulassen, und dass sie bei der Rückeroberung der Stellung feststellten, dass die Deutschen alle Verwundeten mit Ausnahme eines Sergeants mit einem Bajonett ermordet hatten, und dass die Deutschen die Christusfigur von dem großen Dorfkreuz entfernt und den Feldwebel bei lebendigem Leibe an das Kreuz befestigt hatten; und ob ihm bekannt sei, dass die Kreuzigung unserer Soldaten zu einer Gewohnheit der Deutschen geworden sei.

> **Mr. Tennant**: »Die Militärbehörden in Frankreich haben die ständige Anweisung, über alle bestätigten Fälle von Gräueltaten, die von den Deutschen an unseren Truppen begangen wurden, zu berichten. Es sind keine offiziellen Informationen im Sinne der Frage des Herrn Abgeordneten eingegangen, aber aufgrund der Informationen, die durch die vorherige Frage des Herrn Abgeordneten übermittelt wurden, werden derzeit Nachforschungen angestellt, die noch nicht abgeschlossen sind.«
>
> (House of Commons, 19. Mai 1925)

Die Geschichte machte in der Presse hier und in Kanada die Runde und wurde von Parlamentsabgeordneten auf der politischen Bühne verwendet. Ihre Echtheit wurde jedoch schließlich von General March in Washington dementiert.

Das Thema tauchte 1919 wieder auf, als die *Nation* (12. April) einen Brief des Gefreiten E. Loader, 2. Royal West Kent Regiment, veröffentlichte, der erklärte, er habe den gekreuzigten Kanadier gesehen. Die *Nation* wurde in einem späteren Brief von Captain E. N. Bennett informiert, dass es keinen solchen Gefreiten auf den Listen der Royal West Kents gab und dass das 2. Bataillon während des gesamten Krieges in Indien war.

14. Die Erschießung des Französlings

Hierbei handelt es sich um einer der Lügen, die durch eine falsche Übersetzung hervorgegangen ist. Am 30. September 1914 wurde vom Pressebüro eine Mitteilung herausgegeben, die am folgenden Tag von der *Times* veröffentlicht wurde. Es handelte sich angeblich um eine Kopie der Kriegschronik, »die von den Zollbehörden in den Landungshäfen beschlagnahmt wurde«. Der Auszug lautete wie folgt:

> »Ein Verräter ist soeben (in den Vogesen) erschossen worden, ein kleiner Französling, der einem jener Turnvereine angehörte, die dreifarbige Bänder tragen (d.h. die Éclaireurs oder Pfadfinder), ein armer junger Mann, der in seiner Verliebtheit ein Held sein wollte. Als die deutsche Kolonne durch eine bewaldete Passage zog, wurde er aufgegriffen und gefragt, ob die Franzosen in der Nähe seien. Er verweigerte die Auskunft. Fünfzig Meter weiter wurde aus dem Schutz eines Waldes heraus geschossen. Der Gefangene wurde auf Französisch gefragt, ob er gewusst habe, dass der Feind im Wald sei, was er nicht verneinte. Mit festem Schritt ging er zu einem Telegraphenmast, stellte sich dagegen, den grünen Weinberg im Rücken, und empfing mit einem stolzen Lächeln auf dem Gesicht die Salve der Schützengruppe. Verblendeter Schuft! Es war schade, so einen vergeudeten Mut zu erleben.«

J. A. Hobson schrieb in der *Times* vom 5. Oktober 1914, um auf eine Ungenauigkeit in dem vom Pressebüro herausgegebenen und von der *Times* veröffentlichten Bericht über deutsche Gräueltaten hinzuweisen.

Die Passage beschreibt, wie »ein kleiner Französling« erschossen wurde, weil er sich weigerte, den Standort einiger französischer Soldaten preiszugeben. Das Wort »Französling«, schrieb Herr Hobson, »bedeutet nicht einen kleinen französischen Jungen«, sondern wird »ausschließlich zur Bezeichnung deutscher Untertanen mit französischen

Vorlieben verwendet. Im Elsass und in Lothringen gibt es Gesellschaften dieser Französlinge, die die französischen Farben tragen. Es sind keine Knaben, sondern erwachsene Männer.«

Ein »regelmäßiger Leser« schrieb am 6. Oktober 1914 an *The Times*:

> »Sie veröffentlichen auf Seite 6 Ihrer Ausgabe von heute Morgen eine Notiz, die von einem Herrn J. A. Hobson übermittelt wurde, die andeutet, dass das junge Opfer einer deutschen Schießerei in den Vogesen, dessen Schicksal in einem Brief eines deutschen Soldaten beschrieben wurde, der letzte Woche gedruckt wurde, ein ›erwachsener Mann‹ und kein ›Junge‹ gewesen sein könnte. Zumindest sagt Herr Hobson, dass ›die Gesellschaften dieser Franzosen, die die französischen Farben tragen, keine Jungen, sondern erwachsene Männer sind‹. Aber er hat offensichtlich den Originalbrief nicht gesehen, in dem das Opfer als ›armer junger Kerl‹ und als ›junger Verräter‹ bezeichnet wird. Wäre es ein erwachsener Mann im wehrfähigen Alter gewesen, hätte er Militärdienst geleistet und wäre nicht auf der Straße unterwegs gewesen.«

Dieser Brief muss vom Pressebüro stammen, denn in der Originalnotiz der *Times* wurde weder erwähnt, dass es sich um den Brief eines deutschen Soldaten handelt, noch wurde der deutsche Text zitiert. Der »regelmäßige Leser« hatte offensichtlich woanders gelesen.

Herr J. A. Hobson schrieb am 8. Oktober 1914 an *The Times*

> »In Beantwortung der Frage des ›regelmäßige Lesers‹ möchte ich darauf hinweisen, dass ich mit meiner Bemerkung über den Vorfall ›Französling‹ darauf hinweisen wollte, dass mit diesem Wort ein ›pro-französischer Deutscher‹ gemeint ist und nicht, wie vom Pressebüro übersetzt, ›ein kleiner französischer Junge‹. Dass er ›ein junger Bursche‹ war, ist unbestritten, aber das rechtfertigt nicht, ihn einen Pfadfinder zu nennen.«

Es scheint nicht darauf hingewiesen worden zu sein, dass es im deutschen Elsass keine Pfadfindergruppe mit dem Namen »Éclaireurs» und dem Tragen von Trikolore-Bändern gegeben haben könnte.

Das Pressebüro berichtet, dass ein offizielles Blatt, das unter den deutschen Truppen zirkulierte, mit Genugtuung über die Tötung eines französischen Jungen lachte, der sich weigerte, dem Feind den Aufenthaltsort der französischen Truppen zu verraten (*Daily Express*, Oktober, 1914).

Die Geschichte des Pressebüros mit der Überschrift »Kleiner französischer Held« wurde in der gleichen Ausgabe gedruckt. Das Ziel des Pressebüros war es, die öffentliche Meinung gegen die Deutschen aufzuwiegeln, weil sie einen Jungen erschossen hatten. Die Erschießung von Spionen wurde nicht verurteilt, da die *Times* selbst aus den Vogesen berichtete, dass Deutsche, die auf frischer Tat ertappt wurden, vor ein Kriegsgericht gestellt wurden. Unter anderem wurden der Bürgermeister und der Postmeister von Thann erschossen.

Wenn man nach diesem Fall sucht, findet man ihn im Index der *Times* unter der Überschrift »Erschießung von Franz Osling«.

15. Die Briefmarkensammlung vom kleinen Alf

Ein Geistlicher wurde 1918 während des Mittagessens in einem Restaurant von einem Fremden darüber informiert, dass der Sohn eines Freundes von ihm in einem Lager in Deutschland interniert war. Ein kürzlich erhaltener Brief habe die Passage enthalten: »Die Briefmarke auf diesem Brief ist eine seltene Marke; nimm sie für die Sammlung des kleinen Alf ab.« Obwohl es in der Familie niemanden gab, der Alf hieß, und auch niemanden, der Briefmarken sammelte, taten sie, was ihnen gesagt wurde. Unter der Briefmarke standen die Worte: »Sie haben mir die Zunge herausgerissen; ich konnte sie nicht in den Brief stecken« (vermutlich die Nachricht, nicht die Zunge). Der Geistliche erklärte dem Mann, die Geschichte sei absurd und er solle sich schämen, sie zu wiederholen, denn jeder wisse, dass Briefe von Gefangenen keine Briefmarken trügen. Wenn sein Freund es geschafft hatte, eine Briefmarke auf seinen Brief zu kleben, war das die beste Möglichkeit, um auf das aufmerksam zu machen, was er zu verbergen versuchte. Doch der Fremde weigerte sich, zweifellos aus patriotischen Motiven, seine Geschichte zu verraten, und sie wurde in Manchester weit verbreitet (*Artifex*, im *Manchester Guardian*).

Das Interessante an dieser Lüge ist, dass sie mit Abwandlungen auch in Deutschland verbreitet wurde. Eine Dame in München erhielt einen Brief von ihrem Sohn, der in Russland inhaftiert war. Er bat sie, die Briefmarke von seinem Brief zu entfernen, »da es ein seltener Brief ist«. Sie tat dies und entdeckte darunter geschrieben: »Sie haben mir beide Füße abgeschnitten, sodass ich nicht entkommen kann.« Die Geschichte wurde schließlich durch Spott zunichtegemacht, aber nicht bevor sie nach Augsburg und in andere Städte gelangt war.

Es war wahrscheinlich eine der Geschichten, die in jedem Krieg gebraucht werden.

16. Der tätowierte Mann

Gegen Ende des Jahres 1918 kursierte die durch Fotos belegte Behauptung, englische Gefangene seien mit dem deutschen Adler, einer Kobra oder anderen Zeichen im Gesicht tätowiert worden. Das Interessante an dieser Lüge ist, dass sie offenbar von einer ganzen Reihe verschiedener Personen ausging, von denen jede darauf bedacht war, ein völlig unbegründetes Gerücht in die Welt zu setzen, das sich verbreitet hatte.

Tätowierungs-Anschuldigungen nicht bestätigt.

»Am 7. Dezember erschien in der Presse die Meldung, dass ein Schiffsfeuerwehrmann namens Burton Mayberry in Newcastle eingetroffen sei und auf seinen Wangen Tätowierungen trage, die Köpfe von Kobras darstellten, die ihm angeblich von zwei Matrosen auf Befehl eines deutschen U-Boot-Kommandanten mitten im Atlantik anlässlich der Torpedierung von Mayberrys Schiff im April 1917 zugefügt worden seien. Bilder von Mayberry, die den Kopf einer Kobra auf jeder Wange zeigen, sind auch in verschiedenen illustrierten Zeitungen erschienen.

Die Angelegenheit wurde untersucht und es wurde festgestellt, dass Mayberry am 13. November einen Antrag auf Einschreibung als Seemann gestellt hat, um sich für eine Anstellung in der britischen Handelsmarine zu bewerben, und dass er in seinem Antrag angegeben hat, dass er noch keinen Seedienst geleistet hat. Er ist jetzt verschwunden, und es scheint, dass sein Verschwinden erfolgte, nachdem er eine Aufforderung erhalten hatte, zur Abholung seiner Anmeldebescheinigung zu erscheinen. Ehemalige Mitarbeiter von Mayberry erklären, dass er nie eine Anspielung auf den angeblichen Missbrauch gemacht hat.

In der Presse sind in letzter Zeit häufig Aussagen über die angebliche Brandmarkung britischer Soldaten durch die Deutschen erschienen, aber die zuständigen Behörden waren nicht in der Lage, irgendeine Bestätigung für diese Behauptungen zu erhalten.«

(*The Times*, 23. Dezember 1918)

Der folgende Auszug aus dem *Manchester Guardian* und die Erklärung von »Artifex« (dem Pseudonym eines bekannten Kirchenvertreters aus Manchester) geben andere Versionen der Geschichte ausführlicher wieder.

»Unser Mitarbeiter ›Artifex‹ hat es letzte Woche gewagt, darauf hinzuweisen, dass die Geschichte von dem Gefangenen, dem von den Deutschen die Wange tätowiert worden war, die durch einen Teil der Presse unter einfachen Leuten weite Verbreitung gefunden hatte, durch keinerlei glaubwürdige Beweise belegt war. Er berichtet uns heute, dass er seitdem mit Briefen überschwemmt wurde, in denen beschrieben wurde, wie der Mann tätowiert wurde, und in denen Einzelheiten über seine frühere Geschichte, seinen derzeitigen Beruf und seine häuslichen Verhältnisse mitgeteilt wurden. Jeder der Korrespondenten, die diese Briefe schickten, wurde durch den Ausschnitt, den er schickte, zweifellos in seinem Glauben an die Wahrheit der Geschichte und an die vorsätzliche Blindheit von ›Artifex‹ bestätigt. Zum Leidwesen ihrer Autoren unterscheiden sich die Geschichten in den wesentlichen Fakten so stark, dass jedem, der sie miteinander in Verbindung bringt, wie es ›Artifex‹ getan hat, klar wird, dass sie aus einem Mythos entstanden sind, der sich rasch verbreitet und immer mehr an Vielfalt gewinnt. Als wäre das nicht genug, gibt es noch weitere unwiderlegbare Beweise. Die Kamera, so heißt es, kann nicht lügen. Doch am 9. Dezember veröffentlichten zwei verschiedene Zeitungen Fotos des Opfers. Jedes Bild zeigt sein ganzes rechtes Profil. Das eine zeigt eine schwarze Schlange in voller Länge auf seiner Wange, das andere einen Schlangenkopf in Umrissen. Aber eine Tätowierung ist ein dauerhaftes Zeichen, das nicht über Jahre hinweg verändert oder verunstaltet werden kann. Die Geschworenen, die mit diesen widersprüchlichen Bildern konfrontiert werden, müssten sich einig sein, dass der Betroffene die Verunstaltung täglich neu anbrachte und es versäumt hatte, dieselbe Maßnahme zu wiederholen. Diese Geschichte muss die Ängste vieler Familien, die Gefangene in feindlichem Gewahrsam haben, noch vergrößert haben. Zu Beginn des Krieges haben die Behörden nicht gezögert, die Unterdrückung der zahlreichen Berichte über die ritterliche

Behandlung unserer Soldaten durch die Türken zu empfehlen. Das mag angesichts der gesamten Bilanz der türkischen Regierung vernünftig gewesen sein, dementsprechend schlagen wir vor, dass sie zumindest nicht weniger aktiv sein sollte, um die Verbreitung von Geschichten über die Behandlung von Gefangenen zu verhindern, die so zweifelhaft sind wie diese.« (*Manchester Guardian*, 19. Dezember 1918)

Auszug aus den Kommentaren von »Artifex«:

»Ich kann mich in diesem Fall nicht über fehlende Beweise beklagen. Man hat mir versichert, dass der Mann, während er in einer Werft am Tyne arbeitete,

1. sich im Salford Royal Hospital einer Hauttransplantation unterzog,
2. im Leaf Square Hospital vor Entsetzen verrückt geworden ist,
3. durch sein furchtbares Auftreten die vorzeitige Entbindung und den Tod seiner jungen Frau in Levenshulme herbeigeführt hat,
4. die zarte zwölfjährige Tochter in Stockport in Anfälle versetzte,
5. neun Monate lang in einem Haus in Weaste lebte und nur nach Einbruch der Dunkelheit herauskam, weshalb ihn keiner der Nachbarn je gesehen hat, und
6. die ganze Zeit über auch in Gorton, Swinton, Pendlebury und Tyldesley wohnte.«

17. Die Leichenfabrik

Eine Reihe von Auszügen wird über eine der abscheulichsten Lügen berichten, die während des Krieges erfunden wurden und deren Verbreitung nicht nur in diesem Land, sondern in der ganzen Welt sowohl von der Regierung als auch von der Presse gefördert und geduldet wurde. Sie begann im Jahr 1917 und wurde nicht vor 1925 endgültig aus der Welt geschafft.

(Die meisten der angegebenen Zitate stammen aus *The Times*. Die Hinweise in den unteren Schichten der Presse waren weitaus abscheulicher.)

> »Einer der amerikanischen Konsuln, der Deutschland im Februar 1917 verließ, behauptete in der Schweiz, dass die Deutschen Glyzerin aus den Körpern ihrer Toten destillierten«. (*The Times*, 16. April 1917)

> »Herr Karl Rosner, der Korrespondent des *Berliner Lokalanzeigers* an der Westfront, ... veröffentlichte am vergangenen Dienstag das erste definitive deutsche Eingeständnis über die Art und Weise, in der die Deutschen mit Leichen umgehen.
>
> Wir passieren Everingcourt. Es liegt ein dumpfer Geruch in der Luft, als ob Kalk verbrannt werden würde. Wir kommen an der großen Kadaververwertungsanstalt dieser Armeeeinheit vorbei. Das Fett, das hier gewonnen wird, wird zu Schmierölen verarbeitet, und alles andere wird in der Knochenmühle zu einem Pulver zermahlen, das zum Mischen mit Schweinefutter und als Dünger verwendet wird – nichts darf verschwendet werden.« (*The Times*, 16. April 1917)

In der *Times* vom 17. April 1917 war ein Bericht aus *La Belgique* (Leyden) über L'Indépendance Belge vom 10. April zu lesen, der einen sehr langen und detaillierten Bericht über eine Fabrik der Deutschen Abfallverwertungsgesellschaft in der Nähe von Koblenz enthielt, in der Zugladungen mit entkleideten Leichen deutscher Soldaten ankommen, die zu Bündeln verdrahtet und in Kesseln eingekocht werden, aus denen Stearin und raffiniertes Öl gewonnen werden.

In der *Times* vom 18. April 1917 erschien ein Brief von C. E. Bunbury, in dem er die Geschichte kommentierte und vorschlug, sie zu Propagandazwecken in neutralen Ländern und im Osten zu verwenden, wo sie besonders geeignet sei, Buddhisten, Hindus und Mohammedaner zu entsetzen. Er schlug eine Ausstrahlung durch das Auswärtige Amt, das Indische Amt und das Kolonialamt vor; am 18. April gab es weitere Briefe mit demselben Inhalt.

In der *Times* vom 20. April 1917 berichtete Sergeant B., von den Kents, dass ein Gefangener ihm erzählt hatte, dass die Deutschen ihre Toten für Munition sowie für Schweine- und Geflügelfutter auskochen. »Dieser Kerl erzählte mir, dass Fritz seine Margarine ›Leichenfett‹ nennt, weil sie vermuten, dass sie von dort stammt.«

Die *Times* erklärte, sie habe eine Reihe von Briefen erhalten, »in denen die Übersetzung des deutschen Wortes *Kadaver* in Frage gestellt und behauptet wird, es werde nicht für menschliche Körper verwendet. Was dies betrifft, so sind sich die besten Obrigkeiten einig, dass es auch für die Körper von Tieren verwendet wird«. Weitere Briefe aus belgischen und niederländischen Quellen (später auch aus Rumänien) bestätigten diese Geschichte.

Im *Lancet* erschien ein Artikel, in dem der »geschäftliche Aspekt« (oder eher der technische Aspekt) der Industrie erörtert wurde. In der *Times* vom 21. April 1917 brachten der chinesische Minister in London und der Maharadscha von Bikanir ihr Entsetzen zum Ausdruck.

Die *Times* vom 23. April 1917 zitiert eine deutsche Erklärung, wonach der Bericht »verabscheuungswürdig und lächerlich« sei und *Kadaver* niemals für einen menschlichen Körper verwendet werde. Die *Times* führt Zitate aus Wörterbüchern an, um zu zeigen, dass dies der Fall ist. Außerdem erscheinen sowohl *Tierkörpermehl* als auch *Kadavermehl* in deutschen offiziellen Katalogen, was bedeutet, dass es sich um etwas anderes handeln müsse.

Die *Times* vom 24. April 1917 enthielt einen Brief, unterzeichnet von E. H. Parker, mit einer Kopie des *North China Herald* vom 3. März 1917, in dem über ein Gespräch zwischen dem deutschen Minister und dem chinesischen Premierminister in Pekin(g) berichtet wurde:

> »Aber die Sache war entschieden, als Admiral von Hinke über die genialen Methoden sprach, mit denen die deutschen Wissenschaftler die für die Herstellung von Munition notwendigen Chemikalien gewinnen. Der Admiral erklärte triumphierend, dass sie Glyzerin aus ihren toten Soldaten extrahierten! Von diesem Moment an hatte der entsetzte Premierminister keine Verwendung mehr für Deutschland, und es war ein Leichtes, ihn davon zu überzeugen, sich gegen Deutschland zu wenden.«

Die folgenden Anfragen im Parlament zeigen, dass die Regierung dem Thema auswich, obwohl sie wusste, dass es kein einziges authentisches Beweisstück für den Bericht gab – ein gutes Beispiel für die offizielle Methode der Verbreitung von Unwahrheiten.

Mr. Ronald McNeill fragte den Premierminister, ob er Maßnahmen ergreifen werde, um in Ägypten, Indien und im Osten allgemein so weit wie möglich bekannt zu machen, dass die Deutschen die Leichen ihrer eigenen Soldaten und ihrer Feinde, wenn sie in deren Besitz gelangen, als Futter für Schweine verwenden.

Mr. Dillon fragte den Finanzminister, ob er auf die in diesem Lande weit verbreiteten Berichte aufmerksam gemacht worden sei, wonach die deutsche Regierung Fabriken zur Gewinnung von Fett aus den Körpern von im Kampf gefallenen Soldaten eingerichtet habe; ob diese Berichte von vielen prominenten Männern in diesem Lande, einschließlich Lord Curzon of Kedleston, bestätigt worden seien; ob die Regierung solide Gründe für die Annahme habe, dass diese Behauptungen begründet seien; und wenn ja, ob er die der Regierung zur Verfügung stehenden Informationen dem Haus mitteilen werde.

> **Lord R. Cecil**: »Zu dieser Frage und zu der Frage des Herrn Abgeordneten für East Mayo liegen der Regierung zur Zeit keine anderen Informationen vor als die, die in den Auszügen aus der deutschen Zeitung enthalten sind, die hier in der Presse veröffentlicht wurden. In Anbetracht anderer Handlungen deutscher Militärbehörden ist an der vorliegenden Anklage nichts Unglaubliches. Die Regierung Seiner Majestät hat die Verbreitung

der Tatsachen, wie sie sich auf dem üblichen Wege ergeben haben, gestattet.«

MR. McNeill: »Kann der Herr Abgeordnete beantworten, ob die Regierung irgendwelche Schritte unternehmen wird, um diese aus deutschen Quellen stammende Geschichte im Osten weithin bekannt zu machen?«

Lord R. Cecil: »Ich denke, dass es zum jetzigen Zeitpunkt nicht wünschenswert ist, andere Schritte zu unternehmen als die, die bereits unternommen wurden.«

Mr. Dillon: »Darf ich fragen, ob wir aus dieser Antwort schließen dürfen, dass die Regierung keinerlei solide Beweise für die Wahrheit dieser Anschuldigung hat und dass sie keine Schritte unternommen hat, um sie zu untersuchen; und wurde ihre Aufmerksamkeit auf die Tatsache gelenkt, dass es nicht nur ein grober Skandal, sondern ein sehr großes Übel für dieses Land ist, die Verbreitung solcher Aussagen zuzulassen, die von Ministern der Krone genehmigt wurden, wenn sie, wie ich glaube, absolut falsch sind?«

Lord R. Cecil: »Der Herr Abgeordnete hat vielleicht Informationen, die wir nicht haben. Ich kann nur von Erklärungen sprechen, die in der Presse veröffentlicht worden sind. Ich habe dem Plenum bereits gesagt, dass wir über keinerlei andere Informationen verfügen. Die Information ist die Erklärung, die veröffentlicht wurde und die mir vorliegt (Zitat *Times* vom zitierten *Lokalanzeiger*). Diese Erklärung ist in der Presse veröffentlicht worden, und das ist die gesamte Information, die mir vorliegt.«

Lord R. Cecil: »Es gehört weder zu den Aufgaben der Regierung, noch ist es ihr möglich, Nachforschungen darüber anzustellen, was in Deutschland vor sich geht. Der Herr Abgeordnete ist sicherlich sehr unvernünftig, wenn er diesen Vorschlag macht, und was seine Zitate aus der Frankfurter Zeitung angeht, so habe ich sie nicht gesehen, aber ich habe Erklärungen der deutschen Regierung gesehen, die nach der Veröffentlichung dieses Artikels abgegeben wurden, und ich gestehe, dass ich den Erklärungen der deutschen Regierung keine große Bedeutung beimessen kann.«

Mr. Dillon: »Ich bitte den Herrn Abgeordneten zu fragen, ob ein Minister der Krone, ein Mitglied des Kriegskabinetts, bevor er diese Gerüchte genehmigt, nicht genaue Informationen darüber einholen sollte, ob sie wahr sind oder nicht.«

Lord R. Cecil: »Ich denke, jeder Minister der Krone hat das Recht, etwas zu kommentieren und auf etwas hinzuweisen, das in einer der führenden Zeitungen des Landes veröffentlicht wurde. Er hat dies nur behauptet und sich nicht für die Erklärung verantwortlich gemacht (**ein Ehrenmitglied**: »Hat er!«). Ich bin darüber informiert, dass er das nicht getan hat. Er sagte: ›Wie es in den Zeitungen behauptet wurde‹.«

Mr. Outhwaite: »Darf ich fragen, ob der edle Herr sich dessen bewusst ist, dass die Verbreitung dieser Berichte (Unterbrechung) Angst und Elend bei den Briten verursacht hat, die ihre Söhne auf dem Schlachtfeld verloren haben und die denken, dass ihre Leichen zu diesem Zweck verwendet werden könnten, und ist das kein Grund, warum er versuchen sollte, die Wahrheit darüber herauszufinden, was in Deutschland geschieht?« (House of Commons, 30. April 1917)

In der *Times* vom 3. Mai 1917 wurde aus der Frankfurter Zeitung zitiert, dass die französische Presse die Kadaver-Geschichte nun als »Missverständnis« behandelt.

Die *Times* vom 17. Mai, 1917 berichtete, dass Herr Zimmermann im Reichstag leugnete, dass menschliche Körper verwendet wurden, und erklärte, dass die Geschichte zuerst in der französischen Presse erschien.

In Beantwortung einer Frage im Unterhaus am 23. Mai erklärte A. Chamberlain, dass der Bericht »der Öffentlichkeit in Indien über die üblichen Kanäle zugänglich sein wird«.

Ein Leichenfabrik-Cartoon erschien in der Zeitschrift *Punch*.

Kaiser (1917, zu Rekruten): »Und vergiss nicht, dass dein Kaiser für dich eine Verwendung findet, ob lebend oder tot.« (In der gegnerischen Leichenverwertungsanstalt werden die toten Körper der deutschen Soldaten chemisch behandelt, wobei die wichtigsten Handelsprodukte Schmieröle und Schweinefutter sind).

Blick aus dem Fenster auf die Leichenfabrik.

Die Geschichte verbreitete sich weltweit und hatte im Osten einen erheblichen Propagandawert. Erst 1925 kam die Wahrheit ans Licht.

»Einen schmerzlichen Einfluss hatte hier eine unglückliche Rede von Brigadegeneral Charteris beim Abendessen des National Arts Club, in der er behauptete, die wahre Geschichte des Kriegsberichts zu erzählen, dass Deutschland die Körper seiner toten Soldaten einkocht, um Fette für Munition und Dünger zu gewinnen.

Nach Angaben von General Charteris war die Geschichte ursprünglich als Propaganda für China gedacht. Indem er die Bildunterschrift von einem der beiden Fotos, die bei deutschen Gefangenen gefunden wurden, auf das andere übertrug, vermittelte er den Eindruck, dass die Deutschen ihre eigenen toten Soldaten auf grausame Weise verwerten würden. Dieses Foto schickte er an eine chinesische Zeitung in Shanghai. Er erzählte die bekannte Geschichte von der späteren Wiederveröffentlichung in England und von der Diskussion, die sie dort auslöste. Er erzählte auch, wie er auf eine an ihn gerichtete Frage im Parlament antwortete, dass er nach dem, was er über die deutsche Mentalität wisse, auf alles vorbereitet sei.

Später, so General Charteris, wurde in seinem Büro das angebliche Tagebuch eines deutschen Soldaten gefälscht, um die Geschichte zu stützen. Es war geplant, dies bei einem toten Deutschen durch einen Kriegsberichterstatter mit einer Vorliebe für deutsche Tagebücher entdecken zu lassen, aber der Plan wurde nie ausgeführt. Das Tagebuch befand sich jetzt im Kriegsmuseum in London.«

(*The Times*, 22. Oktober 1925. Von einem New Yorker Korrespondenten)

Einige Stellungnahmen von Politikern sollten wiedergegeben werden.

Lloyd George: »Die Geschichte ist mir damals auf verschiedene Weise zu Ohren gekommen. Ich habe sie damals nicht geglaubt, und ich glaube sie auch heute nicht. Sie wurde nie in das Arsenal der britischen Propagandaabteilung aufgenommen. Sie wurde sogar von dieser Abteilung ›abgelehnt‹.«

Mr. Masterman: »Wir haben die Geschichte sicherlich nicht als wahr akzeptiert, und ich kenne niemanden in offizieller Position zu der Zeit, der sie geglaubt hat. Nichts derart Verdächtiges wurde in unserer Propaganda verwendet. Es wurden nur solche Informationen weitergegeben, die ordnungsgemäß überprüft worden waren.«

Mr. I. MacPherson: »Ich war zu dieser Zeit im Kriegsministerium. Wir hatten keinen Grund, an der Echtheit der Geschichte zu zweifeln, als sie uns erreichte. Sie wurde durch die erbeuteten Divisionsbefehle der deutschen Armee in Frankreich gestützt, und ich habe den Eindruck, dass sie auch vom Auswärtigen Amt auf der Grundlage von Auszügen aus der deutschen Presse bestätigt wurde. Wir wussten nicht, dass sie von irgendjemandem erfunden worden war, und wenn wir gewusst hätten, dass auch nur der geringste Zweifel am Wahrheitsgehalt der Geschichte bestand, wäre sie von uns in keiner Weise verwendet worden.«

Ein New Yorker Korrespondent beschreibt, wie er General Charteris anrief, sich nach dem Wahrheitsgehalt des Berichts erkundigte und ihm vorschlug, sich im Falle der Unrichtigkeit des Berichts an die *New York Times* zu wenden. Daraufhin protestierte er energisch, er könne nicht daran denken, den Bericht anzufechten, da die Fehler nur von geringer Bedeutung seien (*Daily News*, 5. November 1925).

Es gab einen *Times*-Artikel zum selben Thema, der die Behauptung der *New York Times* zitierte, ihre Version der Rede sei wahr.

> »Diese Zeitung macht die signifikante Beobachtung, dass er im Verlauf seines Dementis keinen Kommentar zu seinem angeblichen Eingeständnis abgab, dass er es vermied, die Wahrheit zu sagen, als er im House of Commons zu dieser Angelegenheit befragt wurde, oder zu oder zu seinem Plan die Geschichte über die Leichenfabrik zu stützen, indem er ein gefälschtes Tagebuch in der Kleidung eines toten deutschen Gefangenen ›platzierte‹ – ein Vorschlag, den er nur aufgab, damit die Täuschung nicht entdeckt werden konnte.
>
> Brigadegeneral Charteris, der am Wochenende aus Amerika zurückkehrte, besuchte gestern das Kriegsministerium und hatte ein Gespräch mit dem Kriegsminister (Sir Laming Worthington-Evans) über die Berichte bezüglich seiner Rede über Kriegspropaganda in New York. Es wird davon ausgegangen, dass das Kriegsministerium den Vorfall jetzt als abgeschlossen betrachtet und dass keine weiteren Untersuchungen stattfinden werden.
>
> General Charteris reiste im Laufe des Tages nach Schottland und gab bei seiner Ankunft in Glasgow die folgende Erklärung ab:
>
> ›Bei meiner Ankunft in Schottland musste ich mit Erstaunen feststellen, dass trotz der von mir in New York über die Agentur Reuter herausgegebenen Dementi immer noch ein gewisses öffentliches Interesse an dem völlig falschen Bericht über meine Äußerungen bei einem privaten Abendessen in New York besteht. Ich halte es daher für notwendig, die mir zugeschriebene Erklärung erneut kategorisch zu dementieren. Gewisse Andeutungen und Spekulationen über den Ursprung der ›Kadaver‹-Geschichte, die bereits in *These Eventful Years* (*British Encyclopaedia Press*) und anderswo veröffentlicht wurden und die ich wiederholt habe, werden, zweifellos unbeabsichtigt, aber dennoch unglücklicherweise, zu definitiven Tatsachenbehauptungen gemacht und mir zugeschrieben.

Damit keine Zweifel aufkommen, möchte ich sagen, dass ich weder die Kadaver-Geschichte erfunden noch die Bildunterschriften auf den Fotos geändert oder gefälschtes Material zu Propagandazwecken verwendet habe. Die Behauptungen, ich hätte dies getan, sind nicht nur unrichtig, sondern auch absurd, da Propaganda in keiner Weise dem G.H.Q. Frankreich unterstand, wo ich für die Nachrichtendienste verantwortlich war. Ich wäre ebenso wie die Öffentlichkeit daran interessiert, zu erfahren, was der wahre Ursprung der Kadaver-Geschichte war. Das G.H.Q. Frankreich schaltete sich erst ein, als ein fiktives Tagebuch vorgelegt wurde, das die Kadaver-Geschichte stützte. Als sich herausstellte, dass dieses Tagebuch frei erfunden war, wurde es sofort zurückgewiesen.

Ich habe den Staatssekretär heute Morgen gesehen und ihm die ganzen Umstände erklärt, und ich habe seine Vollmacht zu sagen, dass er vollkommen zufrieden ist.‹«

(*The Times*, 4. November 1925)

Lieut.-Commander Kenworthy fragte den Kriegsminister, ob er angesichts der Gefühle, die in Deutschland durch das Wiederaufleben der Gerüchte über die sogenannte *Leichenverarbeitungsfabrik* hinter den deutschen Linien im späten Krieg erregt wurden, Auskunft darüber geben könne, woher das ursprüngliche Gerücht stammte und inwieweit es damals vom Kriegsministerium akzeptiert wurde.

Sir L. Worthington-Evans: »Mit diesem zeitlichen Abstand glaube ich nicht, dass die Quelle des Gerüchts mit Sicherheit ermittelt werden kann. Die Behauptung, die Deutschen hätten eine Fabrik zur Verarbeitung von Leichen errichtet, erschien erstmals am 10. April 1917 im *Lokalanzeiger*, der in Berlin veröffentlicht wurde, sowie in *L'Independance Belge* und *La Belgique*, zwei belgischen Zeitungen, die in Frankreich und Holland erschienen. Die Aussagen wurden in der hiesigen Presse wiedergegeben, mit der Bemerkung, dass es sich um das erste deutsche Eingeständnis bezüglich der Art und Weise handelte, wie die Deutschen ihre Leichen verwendeten.

Am 30. April 1917 wurden im House of Commons Fragen gestellt, und der Unterstaatssekretär für auswärtige Angelegenheiten antwortete im Namen der Regierung, dass er zu diesem Zeitpunkt über keine weiteren Informationen verfügte als die, die in dem Auszug aus der deutschen Presse enthalten waren. Doch kurz darauf wurde in Frankreich ein deutscher Armeebefehl mit Anweisungen für die Lieferung von Leichen an die im Lokalanzeiger beschriebenen Einrichtungen aufgegriffen und an das Kriegsministerium weitergeleitet, das nach sorgfältiger Prüfung seine Zustimmung zur Veröffentlichung gab.

Der Wortlaut dieses Befehls war so beschaffen, dass er in Verbindung mit den Artikeln im *Lokalanzeiger* und in den beiden belgischen Zeitungen sowie den bereits bestehenden Gerüchten dem Kriegsministerium als Bestätigung für die Geschichte erschien. In deutschen Wörterbüchern, anatomischen und anderen Schriften fanden sich Belege dafür, dass das Wort Kadaver für menschliche Körper und nicht ausschließlich für Tierkadaver verwendet wurde, und die deutsche Behauptung, die Geschichte sei durch den Hinweis auf die Bedeutung des Wortes Kadaver erledigt, wurde nicht akzeptiert. Nach den ihnen damals vorliegenden Informationen sah das Kriegsministerium offenbar keinen Grund, den Wahrheitsgehalt der Geschichte zu bezweifeln.«

Liet.-Commander Kenworthy: »Ich bin dem Herrn Abgeordneten für seine sehr ausführliche Antwort sehr dankbar. Hält er es nicht für wünschenswert, dass das Kriegsministerium die Geschichte und ihren derzeitigen Glauben daran endgültig widerruft?»

Sir L. Worthington-Evans: »Ich glaube nicht, dass es im öffentlichen Interesse liegt, weitere Fragen zu dieser Geschichte zu stellen. Ich habe dem Parlament die umfassendsten Informationen vorgelegt, die mir zur Verfügung stehen, in der Hoffnung, dass die Abgeordneten mit dem, was ich gesagt habe, zufrieden sein werden.« (**Abgeordnete**: »Hört, hört.«)

Liet.-Commander Kennworthy: »Hält es der Herr Abgeordnete nicht für wünschenswert, selbst jetzt, in Anbetracht von Locarno und anderen Dingen, endlich die Unrichtigkeit der ursprünglichen Geschichte zuzugeben?«

Sir L. Worthington-Evans: »Es geht nicht darum, ob sie genau oder ungenau war. Es ging mir um die Informationen, auf deren Grundlage das Kriegsministerium damals handelte. Natürlich verändert die Tatsache, dass es seither keine Bestätigung gegeben hat, zwangsläufig das Gesamtbild des Falles, aber ich habe mich mit den Informationen befasst, die den Behörden zum damaligen Zeitpunkt vorlagen.«

(House of Commons, 24. November 1925)

Dies war ein fortgesetzter Versuch, ein vollständiges Dementi zu vermeiden, und es wurde Sir Austen Chamberlain überlassen, die Lüge endgültig zu widerlegen. In seiner Antwort an Herrn Arthur Henderson vom 2. Dezember 1925 auf die Frage, ob er etwas zu der Kadaver-Geschichte zu sagen habe, sagte er:

> »Ja, Sir; mein ehrenwerter Freund, der Kriegsminister, hat dem Haus letzte Woche erzählt, wie die Geschichte die Regierung Seiner Majestät im Jahre 1917 erreichte. Der Kanzler des Deutschen Reiches hat mich ermächtigt, im Namen der deutschen Regierung zu sagen, dass es dafür nie eine Grundlage gab. Ich brauche wohl kaum hinzuzufügen, dass ich im Namen der Regierung Seiner Majestät dieses Dementi akzeptiere, und ich vertraue darauf, dass dieser falsche Bericht nicht wieder aufgegriffen werden wird.«

Der schmerzliche Eindruck, den diese Episode und ähnliche Propagandabemühungen in Amerika hinterlassen haben, wird durch einen Leitartikel im *Times-Dispatch* in Richmond, USA, vom 6. Dezember 1925 gut veranschaulicht.

> »Nicht der kleinste der Schrecken der modernen Kriegsführung ist das Propagandabüro, das ein wichtiger Bestandteil der militärischen Einrichtung jeder Nation ist. Es ist auch nicht das geringste der vielen ermutigenden Zeichen, die jedes Jahr die Wahrscheinlichkeit eines möglichen Friedens auf Erden erhöhen. Die berüchtigte Kadaver-Geschichte, die während des Krieges den Hass gegen die Deutschen in dieser und anderen alliierten Nationen bis zum Siedepunkt anheizte, wurde im britischen House of Common als Lüge entlarvt. Vor Monaten erfuhr die Welt die Einzelheiten, wie diese Lüge von dem effizienten Offizier des britischen Geheimdienstes geplant und verbreitet wurde. Nun erfahren wir, dass Sir Austen Chamberlain im Geiste des Locarno-Paktes im Parlament aufstand und sagte, dass der deutsche Bundeskanzler den Wahrheitsgehalt der Geschichte geleugnet habe und dass dieses Dementi von der britischen Regierung akzeptiert worden sei.
>
> Vor ein paar Jahren versetzte die Geschichte, wie der Kaiser menschliche Leichen zu Fett verarbeitete, die Bürger dieser und anderer aufgeklärter Nationen in einen Rausch des Hasses. Normalerweise vernünftige Männer ballten ihre Fäuste und eilten zum nächsten Rekrutierungsfeldwebel. Jetzt wird ihnen gesagt, dass sie Dummköpfe und Narren waren, dass ihre eigenen Offiziere sie absichtlich auf den gewünschten Siede-

punkt getrieben haben, indem sie eine infame Lüge benutzten, um sie zu erregen, so wie ein erwachsener Rüpel einem kleinen Jungen zuflüstert, dass ein anderer kleiner Junge sagte, er könne ihn lecken.

Das ermutigende Merkmal, das in diesem abscheulichen Eingeständnis der modernen Kriegsführung zu finden ist, ist die natürliche Schlussfolgerung, dass der moderne Mensch nicht übereifrig ist, sich auf ein einfaches Wort des Befehls hin seinem Bruder an die Kehle zu werfen. Man muss mit seinen Leidenschaften spielen, und so hat das Propaganda-Büro seinen Platz als eine der stärksten Waffen eingenommen.

Im nächsten Krieg muss die Propaganda noch subtiler und geschickter sein als die beste, die der Weltkrieg hervorgebracht hat. Diese freimütigen Eingeständnisse der groß angelegten Lügen seitens der vertrauenswürdigen Regierungen im letzten Krieg werden nicht so schnell vergessen werden.«

18. Der Brief des Bischofs von Sansibar

Es gibt zwei Dinge, die im Krieg nicht erlaubt sind. Erstens: positive Äußerungen über den Feind – Beispiele dafür sind in der Einleitung genannt worden. Zweitens: Kritik an dem Land, dem man angehört, darf nicht öffentlich geäußert werden. Die Unterdrückung einer solchen Meinung ist in Ordnung, aber die absichtliche Verfälschung ist eine besonders bösartige Form der Unwahrheit.

Der verstorbene Dr. Weston, Bischof von Sansibar, ein großer Fürsprecher der afrikanischen Eingeborenen, schrieb einen offenen Brief an General Smuts, in dem er sagte:

> »Es ist politischer Wahnsinn, zu dieser Zeit zu versuchen, ein schwächeres Volk der Leibeigenschaft oder der Sklaverei zu unterwerfen ... Es ist moralischer Wahnsinn ... Drittens ist es eine so eindeutig antichristliche Politik, dass niemand, der sie befürwortet, das Evangelium Christi gegenüber den afrikanischen Völkern mehr rechtfertigen kann ...«

In einem Pamphlet, das in der *Church Times* vom 8. Oktober 1920 zitiert wurde, schrieb der Bischof von Sansibar:

> »Als ich meinen offenen Brief an General Smuts schrieb, nannte ich ihn ›Großbritanniens Papierfetzen: Wird Sie Es Ehren?‹ Ich spielte damit auf ihr Versprechen an, den schwächeren Völkern Gerechtigkeit zu gewähren. Die kaiserliche Regierung nahm meinen Brief, entfernte einige unbequeme Passagen und veröffentlichte ihn unter dem Titel ›Die Schwarzen Sklaven von Preußen‹. Ich behaupte, dass die Ostafrikaner nun die ›Schwarzen Leibeigenen Großbritanniens‹ geworden sind.«

Im *The Life of the Bishop of Zanzibar*, das 1926 veröffentlicht wurde, erscheint der Brief in entstellter Form als Meinung des Bischofs über die Behandlung der »schwarzen Sklaven« durch die Deutschen.

Dies ist ein gutes Beispiel für eine ganz bewusste Verdrehung durch die Regierung und auch ein Beispiel dafür, wie schwierig es ist, dass die Wahrheit, selbst wenn sie veröffentlicht wird, eine Lüge überwindet und die am stärksten betroffenen Menschen erreicht.

19. Der deutsche U-Boot-Skandal

Im Juli 1918 kursierte in der Presse eine ungeheuerliche Geschichte über die teuflische Grausamkeit eines deutschen U-Boot-Kommandanten. Sie ist ein Beispiel dafür, wie Menschen in halboffiziellen Positionen bereit waren, entweder absichtlich ein vages Gerücht zu erfinden oder es auszuarbeiten und ihm den Stempel einer authentischen Information zu versetzen.

Sie erschien in mehr oder weniger gleicher Form in allen Zeitungen:

> »Flottenzahlmeister Collingwood Hughes, R.N.V.R., von der Naval Intelligence Division der Admiralität, hielt gestern einen Vortrag im Royal Club am St. James's Square und erzählte, dass eines unserer Patrouillenboote im Atlantik auf ein gesunkenes U-Boot gestoßen sei. Nach der Rettung der Besatzung erkundigte sich unser Kommandant bei dem Kapitän der Hun, ob alle sicher an Bord seien, da beabsichtigt war, das U-Boot zu sprengen.
>
> ›Ja‹, kam die Antwort, ›sie sind hier. Rufen Sie die Namen auf.‹ Jeder Deutsche antwortete. Der britische Befehlshaber wollte gerade abdrücken, um eine Wasserbombe abzuwerfen, als ein klopfendes Geräusch zu hören war.
>
> ›Sind Sie ganz sicher, dass niemand an Bord Ihres Bootes ist?‹, wiederholte er.
>
> ›Ja‹, erklärte der Kapitän der Hun.
>
> Aber das Klopfen ging weiter, und der britische Offizier ordnete eine Durchsuchung des U-Boots an. Man fand darin vier gefangene britische Seeleute, die gefesselt waren. Die geretteten Deutschen wollten ihre Gefangenen ertrinken lassen.« (*Daily Mail*, 12. Juli 1918)

Die Geschichte wurde von Kommandant Sir Edward Nicholl auf einer öffentlichen Versammlung in der Colston Hall in Bristol wiedergegeben, bei der auch der parlamentarische Sekretär der Admiralität anwesend war.

Colonel Wedgwood fragte den Ersten Lord der Admiralität, ob eines unserer Patrouillenboote vor kurzem die Besatzung eines gesunkenen U-Bootes gerettet hat, dessen Kapitän absichtlich vier britische Seeleute an Bord zurückgelassen hat, die ertrunken wären, wenn sie nicht das Klopfen gehört hätten und gerettet worden wären; und wenn dies der Fall ist, welche Schritte unternommen wurden, um gegen den Kapitän des U-Bootes vorzugehen.

Der Parlamentarische Sekretär der Admiralität (Dr. Macnamara): »Die Admiralität hat in der öffentlichen Presse offiziell erklärt, dass sie keine Kenntnis von diesem gemeldeten Vorfall hat und dass die Erklärung ohne ihre Befugnis abgegeben wurde.«

Colonel Wedgwood: »Sollen wir diese Aussage als Lüge, ohne jegliche Grundlage verstehen?«

Dr. Macnamara: »Wir haben erklärt, dass wir keine Informationen haben, die die abgegebene Erklärung bestätigen.«

(House of Commons, 15. Juli 1918)

Auf anschließende Fragen erklärte Dr. Macnamara, er stehe in Kontakt mit dem für die Erklärung zuständigen Beamten.

Colonel Wedgwood fragte den Ersten Lord der Admiralität, ob über die Geschichte des gesunkenen U-Boots schon berichtet wurde, und wenn ja, zu welchem Ergebnis man gekommen sei; und ob die Geschichte zum ersten Mal von einem Marineoffizier bei einem Treffen in der Colston Hall vor etwa fünf Wochen erzählt wurde, bei dem der parlamentarische Staatssekretär selbst anwesend war.

Dr. Macnamara: »Wir haben uns bemüht, diese Geschichte bis zu ihrem Ursprung zurückzuverfolgen. Flottenzahlmeister Collingwood Hughes scheint sie aus mehr als einer Quelle gehört zu haben. Er hätte sicherlich die Gelegenheit nutzen sollen, die sich ihm in seiner offiziellen Position bot, um sie zu überprüfen. Unserer Meinung nach entbehrt die Geschichte jeder Grundlage. Was den zweiten Teil der Frage anbelangt, so hat Kommandant Sir Edward Nicholl, Royal Naval Reserve, die Geschichte

> sicherlich im Rahmen einer Rede bei einem Treffen in Bristol erzählt, bei dem ich anwesend war. Ich erfuhr von ihm, dass er bei einer früheren Versammlung von Herrn Collingwood Hughes in Südwales anwesend war und die Geschichte bei dieser Gelegenheit von ihm vorgetragen, hörte.«
> (House of Commons 23. Juli 1918)

Aber natürlich kommen in diesem, wie auch in anderen Fällen, auf eine Person, die die Leugnung bemerkt hat, tausend, die nur die Lüge gehört haben.

20. Konstantinopel

Die durch die Existenz der Geheimabkommen bedingten Verschleierungen und Verheimlichungen sind zu umfangreich, um sie hier zu behandeln. Das Verschweigen ist eine noch heimtückischere Form der Lüge als die bewusste Lüge. Ein Punkt jedoch, der für die Bevölkerung Großbritanniens von erheblichem Interesse war, mag zur Veranschaulichung dienen. Er betraf das Schicksal von Konstantinopel.

Als Sir Edward Grey am 30. Mai 1916 im Unterhaus gefragt wurde, ob die Erklärung von Professor Miliukoff in der Duma zutreffend sei, wonach »unser oberstes Ziel in diesem Krieg darin besteht, Konstantinopel in Besitz zu nehmen, das vollständig und vorbehaltlos Russland gehören muss«, antwortete er: »Es ist weder notwendig noch wünschenswert, offizielle Kommentare zu inoffiziellen Erklärungen abzugeben«, und fügte auf weiteren Druck hin hinzu: »Der Herr Abgeordnete bittet um eine Erklärung, die ich nicht für wünschenswert halte.«

Vom Standpunkt der Regierung aus gesehen hatte der Außenminister das Recht, der Frage auszuweichen. Erstens hatten wir Konstantinopel nicht eingenommen, und zweitens muss es der Regierung zweifelhaft erschienen sein, ob die britischen Soldaten und Matrosen mit Begeisterung ihr Leben opfern würden, um Konstantinopel an Russland zu übergeben, da die Klänge des alten Hurra-Liedes (*old jingo song*) von 1878 noch nicht ganz verklungen waren:

> »Wir haben den Bären schon einmal bekämpft, wir können den Bären wieder bekämpfen, aber die Russen werden Konstantinopel nicht bekommen.«

Aber am 7. März 1915, ein Jahr bevor Sir E. Grey diese Antwort im Parlament gab, hatte M. Sazonow ein Telegramm an den russischen Botschafter in London geschickt:

»Würden Sie bitte Grey die tiefe Dankbarkeit der kaiserlichen Regierung für die vollständige und endgültige Zustimmung Großbritanniens zur Lösung der Frage der Meerenge und Konstantinopels in Übereinstimmung mit den russischen Wünschen ausdrücken.«

Am 2. Dezember 1916 erklärte M. Trepoff in der Duma:

»Ein Abkommen, das wir 1915 mit Großbritannien und Frankreich geschlossen haben und dem Italien beigetreten ist, hat das Recht Russlands auf die Meerenge und Konstantinopel in aller Deutlichkeit festgelegt. Ich wiederhole, dass in diesem Punkt absolute Übereinstimmung zwischen den Alliierten besteht.«

Am 5. Januar 1918 (*Nationales Kriegszielblatt Nr. 33*) erklärt der Premierminister, dass wir nicht kämpfen, »um die Türkei ihrer Hauptstadt zu berauben«. Dies konnte er sagen, weil die Russische Revolution stattgefunden hatte.

Die britische Regierung war bestrebt, die Wahrheit vor dem Land zu verbergen, weil sie wusste, wie unpopulär sie sein würde, und zwar durch Täuschungen und Ausflüchte.

21. Die »Lusitania«

Der Untergang der Lusitania war eine furchtbare Tragödie und eines der schrecklichsten Beispiele für die Barbarei der modernen Kriegsführung, aber unter dem Gesichtspunkt des Leidens und des Verlustes von Menschenleben nicht mit vielen anderen Ereignissen des Krieges zu vergleichen. Die entscheidende politische Bedeutung der Katastrophe verlieh ihr jedoch einen besonderen propagandistischen Wert, indem sie die Empörung der Bevölkerung, insbesondere in Amerika, entfachte. Hier lag offensichtlich der notwendige Hebel, um Amerika endlich in den Krieg zu ziehen. Dass Deutschland nicht erkannte, dass dies die Folge eines solchen Vorgehens sein würde, ist eines der vielen Beispiele für seine völlige Unfähigkeit, die Psychologie anderer Völker zu begreifen.

Aus propagandistischer Sicht musste gezeigt werden, dass die Deutschen ein wehrloses, unter amerikanischer Flagge fahrendes Passagierschiff gesprengt hatten, das nur zivile Passagiere und eine gewöhnliche Fracht geladen hatte. Dies wurde als Verstoß gegen das Völkerrecht und als Akt der Piraterie dargestellt. Der erfolglose Versuch, bestimmte Fakten zu unterdrücken, lässt natürlich den Schluss zu, dass andere Versuche erfolgreich waren. Keine Untersuchung wie die Mersey-Untersuchung, die in Kriegszeiten im Hinblick auf das Vorgehen des Feindes durchgeführt wurde, kann unter solchen Umständen als schlüssig angesehen werden.

Die ganze Wahrheit über den Untergang der Lusitania wird wahrscheinlich nie aufgeklärt werden. Vier Punkte können hier berücksichtigt werden:

a. Ob sie bewaffnet war.
b. Ob sie kanadische Truppen an Bord hatte.
c. Ob sie Munition an Bord hatte.

d. Ob in Deutschland eine Medaille zum Gedenken an den Untergang der Lusitania verliehen wurde.

a. In diesem Punkt gab es einen Beweismittelkonflikt.

Die Lusitania war als Hilfskreuzer registriert. Die Deutschen erklärten, dass sie verdeckte Kanonen an Bord hatte. Dies wurde vom Kapitän bei der Untersuchung kategorisch bestritten. »Sie hatte keine Angriffs- oder Verteidigungswaffen und keine verdeckten Geschütze.« Lord Mersey befand daher, dass diese Anschuldigung unwahr sei.

b. Dasselbe gilt für den Vorwurf der Deutschen, das Schiff habe kanadische Truppen transportiert.
c. Diese beiden Leugnungen wären ohne weiteres annehmbar, wenn nicht versucht worden wäre, zunächst die Tatsache zu leugnen und dann zu vertuschen, dass sie Munition mit sich führte.

Es ist ebenso unwahr, dass die Lusitania auf ihrer letzten Reise Munition an Bord hatte (*Daily Express*, 11. Mai 1915).

In Amerika drohte man, Senator La Follette aus dem Senat auszuschließen, weil er behauptet hatte, die Lusitania habe Munition an Bord. Doch Dudley Field Malone, der Hafenmeister von New York, bestätigte diese Behauptung als wahr.

D. F. Malone enthüllte, dass die Lusitania große Mengen an Munition an Bord hatte, die für die britische Regierung bestimmt waren, darunter 4200 Kisten mit Springfield-Patronen. Die Regierung Wilson verweigerte die Veröffentlichung dieser Tatsache. Einer der Hauptvorwürfe, auf den sich der Versuch stützte, R. M. La Follette aus dem Senat zu verweisen, lautete, dass er fälschlicherweise erklärt hatte, die Lusitania führe Munition mit sich, und die Anklage gegen den Senator wurde fallen gelassen, als Mr. Malone anbot, in seinem Namen auszusagen (*The Nation* (New York), 20. November 1920).

Es wurde schließlich zugegeben, dass die Lusitania 5400 Kisten Munition an Bord hatte. Der Kapitän sagte bei der Anhörung in Kinsale: »Es gab einen zweiten Bericht, aber das könnte möglicherweise eine innere Explosion gewesen sein.« Der Vorsitzende der Jury in Queenstown beteuerte, dass nicht alle Opfer ertrunken seien. »Ich habe viele der Leichen gesehen, und die Menschen wurden getötet; sie wurden in Stücke gesprengt.«

Das Schiff sank innerhalb von achtzehn Minuten, was den Verlust so vieler Menschenleben zur Folge hatte. Die Deutschen haben in ihrer Antwort auf die amerikanische Note auf diesen Punkt Bezug genommen und erklärt:

> »Es ist unmöglich die Frage zu entscheiden, ob zum Beispiel den Passagieren und der Besatzung die notwendige Gelegenheit zur Flucht gegeben wurde, bis festgestellt worden ist, ob die Lusitania, wie von der Titanic-Konferenz angeordnet, für entsprechende Notfälle in Friedenszeiten Schotten und Boote zur Verfügung gestellt hat oder nicht, und ob Munition oder Sprengstoff, die unter Missachtung der amerikanischen Gesetze mitgeführt wurden, den Untergang des Schiffes beschleunigt haben, von denen man sonst hätte erwarten können, dass sie entweder die Boote sicher verlassen oder die Küste erreichen.«

Zur Ladung gehörte auch eine kleine Ladung Gewehrmunition und Schrapnellgranaten mit einem Gewicht von etwa 173 Tonnen. Vor dem Auslaufen des Schiffes wurden in New York Warnungen verbreitet, dass das Schiff versenkt werden würde. Diese Warnungen wurden später auf die deutsche Regierung zurückgeführt. (*The World Crisis*, von Winston Churchill, M.P.)

d. Nachdem das Ereignis als barbarischer Akt der Piraterie verurteilt worden war, musste gezeigt werden, dass sich die Deutschen damit brüsteten.

Das erste Gerücht besagte, dass der Besatzung des U-Boots, das die Lusitania versenkt hatte, als Belohnung für ihre Tapferkeit eine besondere Medaille verliehen worden war. Dieses Gerücht wurde fallen gelassen, als sich herausstellte, dass es sich bei der Medaille um eine Gedenkmedaille und nicht um eine Auszeichnung handelte.

Damals hieß es, die deutsche Regierung habe zum Gedenken an das Ereignis eine Medaille prägen lassen, diese aber nach dem Waffenstillstand aus dem Verkehr gezogen. Im Jahr 1919 wurde sie in einem Geschäft in Berlin gefunden. Im Jahr 1920 konnte ein Reisender in Berlin, Frankfurt und anderen Teilen Deutschlands niemanden finden, der jemals von ihr gehört oder sie gesehen hatte, während in England die Medaillen gut bekannt und sehr leicht zu bekommen waren. Es stellte sich heraus, dass die Medaille ursprünglich in München von einem Mann namens Goetz entworfen wurde und die Lusitania als Waffenträgerin darstellt. Goetz kann als Metall-Karikaturist beschrieben werden; seine Arbeit war nicht offiziell, und seine Lusitania-Medaille hatte eine sehr begrenzte Auflage. Nur wenige Deutsche scheinen von ihrer Existenz gehört zu haben. Lord Newton, der 1916 im Auswärtigen Amt für Propaganda zuständig war, erklärte die große Anzahl von Prägungen der Medaille, die hierzulande den Eindruck erweckten, dass sie so verbreitet sein müssten wie Pfennige.

> »Ich fragte ein Geschäft im West End, ob sie die Reproduktion zu Propagandazwecken übernehmen könnten. Sie stimmten zu, und die Medaillen wurden in der ganzen Welt in neutralen Ländern verkauft, insbesondere in Amerika und Südamerika.
>
> Nach einigen anfänglichen Schwierigkeiten wurde ein großer Erfolg erzielt. Ich glaube, dass es eines der besten Propagandawerke war.«
>
> (*Evening Standard*, 1. November 1926)

Der Ehrensekretär des Medaillenkomitees gab an, dass 250 000 der Medaillen verkauft wurden und der Erlös an das Rote Kreuz und St. Dunstan's ging. Jede Medaille war in einer Schachtel verpackt, auf der vermerkt war, dass es sich um Nachbildungen der Medaille handelte, die in Deutschland »zum Gedenken an den Untergang der Lusitania« verteilt wurde. Viele der Medaillen konnten in England jedoch auch ohne Schachtel erworben werden.

Neben der Medaille wurden auch Flugblätter mit Abbildungen der Medaille verteilt. In einem Fall wurde in Schweden ein Satz aus der *Kölnischen Völkzeitung* abgedruckt: »Wir betrachten mit freudigem Stolz diese neueste Errungenschaft unserer Flotte.« Dieser Satz war aus dem Zusammenhang gerissen worden und wurde ursprünglich in einem ganz anderen Kontext verwendet.

Damit wurde klar, dass:

1. der Besatzung des deutschen U-Bootes keine Medaille verliehen wurde.
2. die deutsche Regierung keine Medaille zum Gedenken an dieses Ereignis hat prägen lassen.
3. die deutsche Regierung eine Medaille, die sie nie ausgegeben hat, nicht mehr zurückziehen hätte können.
4. ein Münchner Metallarbeiter die Medaille entwarf, die in Deutschland stets selten war.
5. die große Zahl der im Umlauf befindlichen Medaillen auf die Nachbildung der Goetz-Medaille in Großbritannien zurückzuführen ist.

Der Propagandawert der Medaille war groß, wie Lord Newton zugab. Der Eindruck, den sie erweckte, war absolut und absichtlich falsch.

22. Bericht über ein abgebrochenes Treffen

Es gab eine ganze Reihe von offiziellen Abhörgeräten, Telefonabhörern, Brieföffnern und so weiter. Wir befassen uns hier nicht mit ihren Aktivitäten. Aber man kann sich vorstellen, was für eine Fülle von Spionagegeschichten und »authentischen« Erzählungen sie hervorgebracht haben. Ein amüsantes Beispiel ist ein Beamter, der zu einer Sitzung der Union of Democratic Control geschickt wurde, die im November 1915 in der Memorial Hall stattfand, um darüber zu berichten. Major R. M. Mackay (Argyll and Sutherland Highlanders) war stellvertretender Provost-Marshal und schickte einen Bericht, der am 7. Dezember im House of Commons von Mr. Tennant, Unterstaatssekretär im Kriegsministerium, verlesen wurde. Die Versammlung wurde aufgelöst, weil Soldaten, die sich gefälschte Eintrittskarten beschafft hatten, die Versammlung störten. Der Bericht des stellvertretenden Provost-Marshals war so fantastisch, dass es fast so aussah, als ob er gar nicht an der Sitzung teilgenommen hätte. Aber natürlich wurde die Aussage eines so hochrangigen Beamten als glaubwürdig akzeptiert. Er beschuldigte Herrn Ramsay MacDonald, die Soldaten provoziert zu haben, indem er eine Nachricht schickte, um einige von ihnen zu vertreiben. Daran war nicht das Geringste wahr. Er berichtete, dass jemand, »dessen Namen ich nicht herausfinden konnte«, provozierende Worte benutzt habe. Er beschrieb Aufwärterinnen, »die nicht nur teutonisch aussahen, sondern aufgrund ihres Akzents auch als solche eingestuft werden konnten«, deren Äußerungen er mitgehört hatte. Es versteht sich von selbst, dass sich kein Teutone oder jemand mit teutonischem Akzent in dem Gebäude befand.

Bei einer späteren Gelegenheit, als Herr Tennant versuchte, Teile des von ihm verlesenen Berichts zu erklären, erschien in der *Westminster Gazette* folgender Kommentar:

»Herr Tennant erklärte, dass seine Antwort, in der von Stewardessen mit ›teutonischem Akzent‹ die Rede ist und Herrn Ramsay MacDonald Worte zugeschrieben werden, die er nie benutzt hat, eilig aus einem ihm vorgelegten Bericht vorgelesen wurde. Die Minister sind gezwungen, sich auf solche Berichte zu stützen, aber die Sprache sollte streng geprüft werden, bevor sie dem Unterhaus vorgelegt wird. Wenn diese Vorsichtsmaßnahme vernachlässigt wird, schaffen sich die Minister ein Maß an Irritation und Unmut, das völlig unnötig ist.«

Im Jahr 1917 wurde der zuverlässige Propst-Marschall wegen unrechtmäßiger Verhaftung angeklagt. Im Mai 1918 wurde er angeklagt, Soldaten etwa als Gärtner an seine persönlichen Freunde ›verliehen‹ und öffentliche Gelder missbraucht zu haben. Einige der zahlreichen Anklagen gegen ihn wurden abgewiesen, aber später im selben Jahr wurde bekannt gegeben, dass er »durch Urteil des Kriegsgerichts aus dem Dienst entlassen wurde« (*London Gazette Supplement*, 12. August 1918).

Es stellte sich heraus, dass er seit Jahren taub war.

23. Gräuelgeschichten

Krieg ist in sich selbst eine Gräueltat. Grausamkeit und Leid sind ihm inhärent. Gewalttaten und Barbarei sind bekanntlich an der Tagesordnung. Die Menschheit wird von der Obrigkeit dazu getrieben, jeder elementaren tierischen Leidenschaft zu frönen, aber die Übertreibung und Erfindung von Gräueltaten werden schnell zum Hauptnahrungsmittel der Propaganda. Die Geschichten über deutsche »Gräueltaten« in Belgien wurden so zahlreich verbreitet, dass sie die abscheuliche Grausamkeit der deutschen Armee hinreichend bewiesen und so die öffentliche Meinung gegen sie aufbrachten. Es wurde eine belgische Kommission und später eine Kommission unter dem Vorsitz von Lord Bryce eingesetzt, der gewählt wurde, um die Meinung in Amerika, wo er ein sehr beliebter Botschafter war, zu beeindrucken. Eidesstattliche Erklärungen einzelner Zeugen wurden als schlüssiger Beweis akzeptiert.

Im besten Fall ist das menschliche Zeugnis unzuverlässig, selbst bei gewöhnlichen Ereignissen ohne Bedeutung, aber wenn Voreingenommenheit, Gefühle, Leidenschaft und so genannter Patriotismus die Emotionen stören, wird eine persönliche Bekräftigung völlig wertlos.

Es wäre unmöglich, alle Geschichten über Gräueltaten aufzuzählen. Sie wurden Tag für Tag in Flugblättern, Pamphleten, Briefen und Reden in Umlauf gebracht. Prominente Persönlichkeiten, die sich gescheut hätten, ihren erbittertsten persönlichen Feind aufgrund der ihnen vorliegenden Beweise – oder vielmehr des Mangels an Beweisen – zu verurteilen, zögerten nicht, sich an die Spitze einer ganzen Nation zu stellen, die sie aller denkbaren Brutalitäten und unnatürlichen Verbrechen beschuldigten. Die *Times* gab »Marching Songs« heraus, die von einem prominenten Eton-Master geschrieben wurden und in denen solche Zeilen wie diese vorkamen:

»Er erschoss die Frauen und Kinder,
Die Frauen und die kleinen Kinder;
Er erschoss die Frauen und Kinder,
Und lachte, um sie sterben zu sehen.«

Ein oder zwei Beispiele für die erwiesene Falschheit von Aussagen, die von Menschen unter dem Reiz der Erregung und der Empörung gemacht wurden, können angeführt werden.

Es wurde berichtet, dass etwa dreißig bis fünfunddreißig deutsche Soldaten in das Haus des Fuhrmanns David Tordens in Sempst eindrangen, ihn fesselten und dann fünf oder sechs von ihnen in seiner Gegenwart seine dreizehnjährige Tochter überfielen, schändeten und anschließend auf Bajonette aufspießten. Nach dieser grausamen Tat bajonettierten sie seinen neunjährigen Jungen und erschossen dann seine Frau. Sein Leben wurde durch das rechtzeitige Eintreffen belgischer Soldaten gerettet. Es wurde weiter behauptet, dass alle Mädchen in Sempst von den Deutschen überfallen und geschändet wurden.

Der Gemeindesekretär Paul van Boeckpourt, der Bürgermeister Peter van Asbroeck und sein Sohn Louis van Asbroeck erklärten in einer eidesstattlichen Erklärung, die sie am 4. April 1915 in Sempst abgaben, dass ihnen der Name des Fuhrmanns David Tordens völlig unbekannt sei; dass eine solche Person vor dem Krieg nicht in Sempst gelebt habe und in der Gemeinde völlig unbekannt sei; dass während des Krieges in Sempst keine Frau und kein Kind unter vierzehn Jahren getötet worden sei, und dass sie, wenn ein solcher Vorfall stattgefunden hätte, sicherlich davon gehört hätten.

Ein anderer Bericht besagt, dass die Deutschen in Ternath einen Jungen trafen und ihn nach dem Weg nach Thurt fragten. Da der Junge sie nicht verstand, hackten sie ihm beide Hände ab. (Zitiert in Truth: *Ein Weg zu Gerechtigkeit und Versöhnung*, von ›Verax‹.)

Erklärung des Bürgermeisters von Ternath, Dr. Poodt, am 11. Februar 1915:

> »Ich erkläre, dass kein einziges Wort der Wahrheit daran ist. Ich bin seit Beginn des Krieges in Ternath, und es ist unmöglich, dass mir ein solcher Vorfall nicht gemeldet worden ist; es ist eine reine Erfindung.«

Nach der Veröffentlichung der verschiedenen Berichte gaben fünf amerikanische Kriegsberichterstatter die folgende Erklärung ab:

»Um der Wahrhaftigkeit Genüge zu tun, erklären wir einstimmig, dass die Geschichten über deutsche Grausamkeiten, soweit wir sie beobachten konnten, unwahr sind. Nachdem wir zwei Wochen bei der deutschen Armee waren und die Truppen über hundert Meilen begleitet haben, sind wir nicht in der Lage, einen einzigen Fall von unverdienter Bestrafung oder Vergeltungsmaßnahme zu melden. Wir können auch keine Gerüchte über Misshandlungen von Gefangenen und Nichtkombattanten bestätigen. Nachdem wir mit den deutschen Truppen durch Landen, Brüssel, Nivelles, Buissière, Haute-Wiherie, Merbes-le-Château, Sorle-sur-Sambre, Beaumont gezogen sind, haben wir nicht den geringsten Anhaltspunkt, um einen Fall von Exzess zu erfinden. Zahlreiche Gerüchte haben sich nach unserer Untersuchung als unbegründet erwiesen.

Die deutschen Soldaten zahlten überall für das, was sie kauften, und respektierten das Privateigentum und die Bürgerrechte. Wir haben festgestellt, dass sich belgische Frauen und Kinder nach der Schlacht von Buissière absolut sicher fühlten. In Merbes-le-Chateau wurde ein Bürger erschossen, aber niemand konnte seine Unschuld beweisen. Flüchtlinge, die von Grausamkeiten und Brutalitäten berichteten, konnten absolut keine Beweise erbringen. Die Disziplin der deutschen Soldaten ist ausgezeichnet; keine Trunkenheit. Der Bürgermeister von Sorle-sur-Sambre hat freiwillig alle Gerüchte über Grausamkeiten in diesem Bezirk dementiert. Für den Wahrheitsgehalt der obigen Angaben geben wir als Journalisten unser Ehrenwort.

(Unterzeichnet) Roger Lewis, *Associated Press*; Irwin Cobb, *Saturday Evening Post, Philadelphia Public Ledger*, Philadelphia; Harry Hansen, *Chicago Daily News*, Chicago; James, O'Donnell Bennett, *Chicago Tribune*; John T. McCutcheon, *Chicago Tribune*, Chicago.«

In der Ausgabe der *New York World* vom 28. Januar 1915 erschien die folgende Meldung:

»Washington, 27. Januar. – Von den Tausenden von belgischen Flüchtlingen, die sich jetzt in England befinden, ist kein einziger von deutschen Soldaten zum Opfer von Gräueltaten gemacht worden. Dies ist der Inhalt eines Berichts, der im Außenministerium eingegangen ist. In dem

> Bericht heißt es, dass die britische Regierung Tausenden von Berichten nachgegangen sei, wonach deutsche Soldaten an fliehenden Belgiern Grausamkeiten verübt hätten. In der Anfangszeit des Krieges waren die Spalten der britischen Zeitungen mit dieser Anschuldigung angefüllt. Nach dem Bericht der amerikanischen Botschaft in London untersuchten Agenten der britischen Regierung sorgfältig alle diese Anschuldigungen; sie befragten die angeblichen Opfer und sichteten alle Beweise. Als Ergebnis der Untersuchung teilte das britische Außenministerium der amerikanischen Botschaft mit, dass die Anschuldigungen offenbar auf Hysterie und natürlichen Vorurteilen beruhten. Der Bericht fügte hinzu, dass viele der Belgier Not gelitten hätten, diese aber eher den Kriegsnotwendigkeiten als der Brutalität einzelner deutscher Soldaten anzulasten seien.«

Die folgende Passage findet sich in einer Rezension des *New York Times Literary Supplement* vom 19. März 1918 über »*Brave Belgians*« von Baron C. Buttin, zu der Baron de Brocqueville, der belgische Kriegsminister, ein Vorwort beigesteuert hat, in dem er den Wahrheitsgehalt und die Fairness des Textes preist:

> »Das Werk enthält Augenzeugenberichte über die ersten drei Monate der Invasion in Belgien und setzt sich aus Berichten verschiedener Personen zusammen, die ihren Teil zu diesem außergewöhnlichen Widerstand beigetragen haben – Obersten, Majore, Militärkapläne, Leutnants und so weiter. Es gibt kaum einen Hinweis auf das ›Schreckgespenst‹, die deutschen Gräueltaten, oder die namenlosen oder unnötigen Schrecken, die im Bericht der Bryce-Kommission beschrieben werden.«

Ein erstaunliches Beispiel dafür, wie grausame Lügen immer noch in den Köpfen mancher Menschen verankert sind und wie versucht werden kann, sie auch heute noch zu verbreiten, bietet ein Brief, der erst am 12. April 1927 im *Evening Star*, Dunedin, Neuseeland, erschien. Der Verfasser, Herr Gordon Catto, antwortete einem anderen Korrespondenten zum Thema Gräueltaten und schrieb:

> »Meine Frau, die 1914–15 Krankenschwester im Ramsgate General Hospital in England war, pflegte belgische Frauen und Flüchtlingskinder, die Opfer der hunnischen Grausamkeit wurden, wobei den Frauen die Brüste

abgeschnitten und den Kindern die Hände an den Handgelenken abgehackt wurden.«

Hier gab es quasi Beweise aus erster Hand, die sowohl Zeit als auch Ort vermerkten. Daraufhin richtete eine Ermittlerin eine Anfrage an den Sekretär des Ramsgate General Hospitals und erhielt folgende Antwort:

»Ramsgate General Hospital, 4, Cannon Road, Ramsgate, 11.6.27.

,Sehr geehrte Dame,

ich weiß nicht, wie die Informationen über Gräueltaten an Frauen und Kindern, die von deutschen Soldaten begangen wurden, in Bezug auf Ramsgate zustande gekommen sein sollen, denn es sind keine derartigen Fälle eingegangen.

Hochachtungsvoll,

(Unterzeichnet) Sydney W. Smith.«

Ein Beispiel dafür, dass ein Mensch durch die ihm gegebenen Informationen wirklich in die Irre geführt wurde, ohne selbst Lügen verbreiten zu wollen, ist der Fall eines Baptistenpfarrers aus Sheffield, der über Gräueltaten predigte. Am 28. Februar 1915 predigte er in der Wash Lane Baptist Chapel, Letchford, Warrington, und erzählte der Gemeinde, dass es in Sheffield ein belgisches Mädchen gebe, etwa zwölf Jahre alt, dem die Deutschen die Nase abgeschnitten und den Bauch aufgeschlitzt hätten, das aber noch lebe und sich erhole.

Auf die Frage, ob er diese Aussage gemacht habe, antwortete er:

»Ich habe unserem belgischen Konsul hier geschrieben, um den Namen und die Adresse des Mädchens zu erfahren, dessen Fall ich in Letchford zitiert habe. Wenn alles, was ich höre, wahr ist, ist es viel schlimmer, als ich angegeben habe.

Ich stelle auch Nachforschungen über einen weiteren ähnlichen Fall an, den ich Ihnen gerne übermitteln werde, wenn und sobald ich die Fakten sichern kann.«

Der belgische Konsul schrieb in einem Brief vom 11. März:

> »Obwohl ich von einer Reihe von Fällen gehört habe, in denen belgische Mädchen auf die eine oder andere Weise misshandelt wurden, habe ich bei meinen Nachforschungen nicht einen einzigen Fall gefunden, an dem etwas Wahres dran ist, und ich kenne kein Mädchen in Sheffield, dem die Nase abgeschnitten und der Bauch aufgerissen wurde.
>
> Ich habe auch in anderen Städten nachgeforscht, konnte aber noch keine konkrete Bestätigung finden.«

Dementsprechend informierte der Minister seinen Korrespondenten:

> »Ich schreibe einen Brief an meine alte Kirche in Letchford, der am nächsten Sonntag verlesen werden soll und in dem ich der Geschichte widerspreche, die ich mit scheinbar unanfechtbarer Autorität erzählt habe. Ich bin froh, dass ich nicht alle angeblichen Tatsachen so wiedergegeben habe, wie sie mir zugetragen wurden.
>
> Vielen Dank für Ihre Anmerkung und Anfrage.«

Es ist jedoch zu befürchten, dass seine erste Gemeinde, die sich mit der Bestätigung der Geschichte von der Kanzel begnügte, sie über die Reichweite des späteren Dementis hinaus verbreitete.

Gräuelgeschichten aus der ausländischen Presse könnten kaum in einer Bibliothek gesammelt werden. Ein Blick in jede ausländische Zeitung zeigt, dass kaum eine Seite in kaum einer Ausgabe frei von ihnen ist. In Osteuropa waren sie besonders grausam. Sie waren auf allen Seiten die fast übliche journalistische Ausdrucksform. Die Verrohung des europäischen Geistes wurde sehr gründlich durchgeführt. Aber die moralische Empörung und sogar der körperliche Brechreiz wurden durch das Übermaß an Grauen und die krassen Übertreibungen gebremst. Es gibt in der Geschichte des Journalismus wohl keine unrühmlichere Periode als die vier Jahre des Ersten Weltkrieges.

Eine neutrale Zeitung (*Nieuwe Courant*), die in Den Haag herausgegeben wurde, fasste am 17. Januar 1916 die Wirkung der Propaganda zusammen:

»... Die papierne Kriegspropaganda ist ein Gift, das Außenstehende nur in sehr geringen Dosen vertragen. Wenn die Kriegführenden es weiterhin verabreichen, wird die Wirkung das Gegenteil von dem sein, was man erwartet. So verhält es sich mit dem Strom der Literatur über den Fall Cavell und den verschiedenen Formen, in denen uns das Baralong-Gift präsentiert wird. Wir verabschieden uns mit einem gewissen Ekel, nachdem wir es gekostet haben, und ärgern uns nur über den bitteren Nachgeschmack – die versprochenen Repressalien ...«

24. Fake-Fotos

Für den Uneingeweihten hat ein Bild, das offensichtlich von einer Fotografie stammt, etwas sehr Zuverlässiges. Nichts scheint authentischer zu sein als ein Schnappschuss. Es kommt niemandem in den Sinn, ein Foto in Frage zu stellen, und gefälschte Bilder haben daher einen besonderen Wert, da sie einen viel besseren Einstieg haben als jede bloße Aussage, die kritisiert oder bestritten werden kann. Erst lange Zeit später, wenn überhaupt, kann ihre Fälschung aufgedeckt werden. Die Fälschung von Fotografien muss während des Krieges fast einer industriellen Tätigkeit gleichgekommen sein. Alle Länder waren davon betroffen, aber die Franzosen waren die größten Experten. Einige der Originale sind gesammelt und reproduziert worden: (*How the World Madness was Engineered*, von Ferdinand Avenarius)

Einige von ihnen können hier aufgeführt werden:

In *Das Echo* vom 29. Oktober 1914 war ein Foto der deutschen Truppen zu sehen, die auf einer Landstraße in Belgien marschierten. Dieses Foto wurde von *Le Journal* am 21. November 1914 unter der Überschrift wiedergegeben:

> »LES ALLEMANDS EN RETRAITE. Cette pho-tographie fournit une vision saississante de ce que fut la retraite de L'armée du général von Hindenburg après la bataille de la Vistule.«
>
> (»DIE DEUTSCHEN AUF DEM RÜCKZUG. Diese Fotografie bietet einen eindrucksvollen Einblick in den Rückzug der Armee unter General von Hindenburg nach der Schlacht an der Weichsel.«)

Ein Foto von Karl Delius, Berlin, zeigt die Auslieferung von Postsäcken vor dem Feldpostamt in Kavevara.

Dies wurde im *Daily Mirror* vom 3. Dezember 1915 unter der Überschrift wiedergegeben: »ZUM WASCHEN DER SCHMUTZIGEN WÄSCHE DER HUNNEN GEZWUNGEN. Die blonden Biester schwitzen über die Serben, die für die Invasoren die Wäsche waschen müssen. Wie die meisten Kunden, die ihre Rechnungen nicht begleichen, schimpfen und beschweren sie sich. Hier ist gerade ein Haufen aus der Wäscherei gekommen.«

Während des Pogroms in Russland im Jahr 1905 wurden mehrere Fotos gemacht, von denen einige von Juden in Amerika verbreitet wurden. Eines dieser Fotos zeigt eine Reihe von Leichen mit einer Menschenmenge um sie herum und wurde in *Le Miroir* vom 14. November 1915 unter dem Titel veröffentlicht:

»DIE VERBRECHEN DER DEUTSCHEN HORDEN IN POLEN.«

Mehrere andere wurden in ähnlicher Weise in Zeitungen abgedruckt. Die *Critica*, eine argentinische Zeitung, deckte auf diese Weise deutsche Gräueltaten auf.

Am 13. Juli 1914 (vor Ausbruch des Krieges) wurde in Berlin ein Foto von einer Menschenmenge vor dem königlichen Schloss aufgenommen. Dieses Foto wurde in *Le Monde Illustré* vom 21. August 1915 unter der Überschrift abgedruckt: »ENTHOUSIASME ET JOIE DE BARBARES« (»BEGEISTERUNG UND FREUDE DER BARBAREN«), mit der Erklärung, dass es sich um eine Versammlung zur Feier des Untergangs der Lusitania handelte.

Ein Foto, das am 13. August 1914 im *Berliner Tag* erschien, zeigte eine lange Schlange von Männern mit Waschschüsseln. Darunter stand geschrieben: »Wie wir internierte Russen und Franzosen behandeln; Aufstellen der Internierten vor der Essensausgabe.« Dieses Bild wurde in den *Daily News* vom 2. April 1915 unter dem Titel: »DEUTSCHE ARBEITER SPÜREN DEN DRUCK. Die oben abgebildete Menschenmenge, die sich für Rationen anstellt, ist ein vertrauter Anblick in Deutschland. Sie offenbart einen Aspekt unserer Seemacht.«

Ein Foto von deutschen Offizieren, die Munitionskisten inspizieren, wurde von *War Illustrated* am 30. Januar 1915 als »Deutsche Offiziere plündern Kisten in einem französischen Schloss« wiedergegeben.

Ein Foto eines deutschen Soldaten, der sich über einen gefallenen deutschen Kameraden beugt, wurde in der *War Illustrated* vom 17. April

1915 mit dem Titel abgedruckt: »Eindeutiger Beweis für den Missbrauch der Kriegsregeln durch die Hunnen: Deutscher Leichenfledderer beim Raub eines Russen erwischt.«

Im *Berliner Lokalanzeiger* vom 9. Juni 1914 wurde ein Foto veröffentlicht, auf dem drei Kavallerieoffiziere zu sehen sind, die Pokale und andere Trophäen gewonnen haben, welche sie beim Heeresturnier im Grünewald in der Hand halten. Dieses Foto wurde zuerst in *Wes Mir*, einer russischen Zeitung, unter dem Titel »Die deutschen Plünderer in Warschau« und am 8. August 1915 im *Daily Mirror* unter dem Titel abgedruckt: »DREI DEUTSCHE KAVALLERISTEN, BELADEN MIT GOLD- UND SILBERBEUTE.«

Gefälschte Fotos wurden natürlich in großer Zahl an neutrale Länder geschickt.

Ein deutsches Foto der Stadt Schwirwindt nach der russischen Besetzung wurde in der *Illustreret Familieblad* (Dänemark) unter dem Titel »Eine französische Stadt nach einer deutschen Bombardierung« abgebildet.

Ein Foto aus *Das Leben in Bild* von 1917, das drei junge deutsche Soldaten lachend zeigt, trägt den Titel: »Wieder zu Hause. Drei kräftige junge Deutsche, denen die Flucht aus französischer Gefangenschaft gelungen ist.«

Dies wurde am 2. Mai 1917 in einer dänischen Familienzeitung veröffentlicht:

> »Aus der Hölle des Trommelfeuers entkommen. Drei deutsche Soldaten, die offenbar sehr glücklich darüber sind, französische Kriegsgefangene geworden zu sein.«

Die Zitadelle von Brest-Litowsk wurde von den sich zurückziehenden Russen beschossen, und in der Zeitschrift Zeitbilder erschien am 5. September 1915 ein Foto, auf dem Deutsche zu sehen sind, die das Getreide in Säcken hinaustragen.

Dies wurde in der *Graphic* vom 18. September 1915 wie folgt wiedergegeben: »Deutsche Soldaten plündern eine Fabrik in Brest-Litowsk, die von den sich zurückziehenden Russen beschossen wurde.«

Illustrated War News, 29. Dezember 1915, zeigt ein Foto von Kriegstrophäen. Ein Unteroffizier hält eine Art Peitsche mit neunschwänzigem

Schweif hoch. »WOFÜR WURDE SIE BENUTZT? EINE DEUTSCHE PEITSCHE INMITTEN EINER SAMMLUNG VON KRIEGSTROPHÄEN. Diese von den Deutschen in Flandern erbeuteten Kriegstrophäen wurden den Irish Rifles von einem Feldwebel überreicht. Das Auftreten der Peitsche ist von sonderbarer Bedeutung.«

Bei der »Peitsche« handelte es sich in Wirklichkeit um einen gewöhnlichen deutschen Teppichklopfer.

Ein russischer Film zeigte deutsche Krankenschwestern im Gewand von Ordensschwestern, die die Verwundeten auf dem Schlachtfeld erstachen.

Ein Bild, keine Fotografie, das große Verbreitung fand, hieß »Chemin de la gloire« (»Weg des Ruhms«) in der Reihe *Choses Vues* (»Gesehene Dinge«).

Im Hintergrund steht eine Kathedrale in Flammen, eine lange Straße ist mit Flaschen übersät, und im Vordergrund ist die Leiche eines kleinen Jungen zu sehen, der mit einem Bajonett zu Boden gespießt wurde.

Aber wenn man Bilder und Karikaturen beschreiben wollte, gäbe es kein Ende. Zweifellos hatten die Karikaturisten in allen Ländern einen großen Einfluss, insbesondere *Raemakers* und *Punch*. Die bedauernswerten neutralen Länder wurden von beiden Seiten mit ihnen bombardiert.

Eine bemerkenswerte Serie von Fotografien wurde von F. J. Mortimer, Fellow der Royal Photographic Society, aufgenommen und 1912 veröffentlicht. Sie wurden in illustrierten Zeitschriften in großem Umfang reproduziert. Darunter befand sich auch ein Foto des Untergangs der »Arden Craig« vor den Scilly-Inseln im Januar 1911. Am 31. März 1917 widmete eine populäre illustrierte Wochenzeitschrift eine Seite den »Kameraaufzeichnungen der preußischen Piraterie«, und diese spezielle Fotografie wurde in einer Reihe von Bildern reproduziert, um »einen Windjammer zu zeigen, der vor der englischen Küste von den verbrecherischen U-Boot-Piraten torpediert wurde«.

Mortimers Fotos von britischen Schiffen wurden auch in Deutschland unter dem Titel *Szenen aus der deutschen Marine* reproduziert.

Am 28. September 1916 zeigte der *Daily Sketch* unter der Überschrift »Still They Come!« ein Foto von einer Menge deutscher Gefangener. »Zwischen 3 000 und 4 000 Gefangene wurden in den letzten achtundvierzig Stunden gemacht.« (Offiziell)

Am 10. Oktober 1918 reproduziert der *Daily Mirror* genau das gleiche Foto, unter dem steht: »Nur ein kleiner Ausschnitt aus der einzigartigen Sammlung hunnischer Kriegsgefangener der Alliierten in der Saison 1918.«

25. Die Fälschung von amtlichen Dokumenten

Lügen in der Presse sowie im privaten Bereich können unter bestimmten Umständen ein großes Gewicht haben. Gleichzeitig gibt es oft Teile der Öffentlichkeit, die weniger leichtgläubig und daher misstrauischer sind. Aber wenn gedruckte Dokumente mit einem offiziellen Imprimatur erscheinen – in diesem Land das königliche Wappen und die Überschrift »Presented to Parliament by command of His Majesty« oder »Printed by order of the House of Commons« – glaubt jeder, dass er in diesen Papieren jedenfalls die ganze Wahrheit und nichts als die Wahrheit findet. Nur eine Minderheit studiert sie vielleicht, aber diese Minderheit schreibt und versorgt die Presse mit unbestreitbar authentischen Informationen aus »Befehlspapieren«. Die blauen Bücher, die gelben Bücher, die weißen Bücher, die orangefarbenen Bücher und so weiter werden zur Grundlage der gesamten Propaganda.

Es ist daher für diejenigen, die die Geschichte ihrer Regierung patriotisch akzeptieren, ein Schock, wenn sie feststellen, dass es viele Fälle von Unterdrückung in Form von Passagen gibt, die sorgfältig und absichtlich aus veröffentlichten offiziellen Dokumenten unterschlagen wurden.

Diese Praxis stammt natürlich nicht aus der Zeit des Ersten Weltkriegs. Es handelt sich um eine alte diplomatische Tradition, die vielleicht in Fällen gerechtfertigt ist, in denen durch das Verschweigen unangemessener Äußerungen eines ausländischen Staatsmannes eine Aufwiegelung der öffentlichen Meinung verhindert werden kann, die aber in unvertretbarem Maße betrieben wird, wenn eine Verschleierung oder Verfälschung des Sachverhalts angestrebt wird.

Die Rede von Sir Edward Grey am 3. August war eine sehr dürftige und unvollständige Darstellung der Ereignisse vor einem Parlament, das jahrelang absichtlich in Unkenntnis gehalten worden war. Aber sie war gut formuliert, um die gewünschte Wirkung zu erzielen. Zu den Auslassungen gehörte der Vorschlag des deutschen Botschafters vom 1. August, in dem er vorschlug, dass Deutschland bereit sein könnte, nicht nur die belgische Neutralität, sondern auch die Unversehrtheit Frankreichs und seiner Kolonien zu garantieren, und der Außenminister unterließ es außerdem zu erwähnen, dass er es in diesem Gespräch definitiv abgelehnt hatte, irgendwelche Bedingungen zu formulieren, unter denen die Neutralität des Landes garantiert werden könnte, obwohl der Botschafter ihn darum gebeten hatte. Das bei weitem schwerwiegendste Versäumnis war jedoch, dass er den letzten Satz seines Schreibens an Herrn Cambon, der von entscheidender Bedeutung ist, nicht vorgelesen hat. Dieser Satz lautete:

> »Wenn diese Maßnahmen zu einer Aktion führten, würden die Pläne des Generalstabs sofort in Betracht gezogen, und die Regierung würde dann entscheiden, wie sie umgesetzt werden sollten.«

Diese Auslassung wird in *Twenty-Five Years* bei weitem nicht durch die beiläufige Aussage: »Vielleicht hielt ich den letzten Satz für unwichtig«, zufriedenstellend erklärt.

Die Reden der Minister der anderen damals betroffenen europäischen Regierungen wurden natürlich patriotisch verzerrt, und jede Information über Tatsachen, die die Ungerechtigkeit der Gegenpartei relativieren oder mildern könnten, wurde sorgfältig unterdrückt.

Die Auslassungen von Depeschen oder die Unterdrückung von Passagen in den offiziellen Büchern aller betroffenen Regierungen waren viel zu zahlreich, um sie hier aufzulisten.

Einige der britischen Verheimlichungen sind nun durch die Veröffentlichung weiterer diplomatischer Dokumente durch das Auswärtige Amt deutlich geworden. Es müssen nur ein paar Beispiele genannt werden.

In einem Telegramm unseres Botschafters in St. Petersburg vom 24. Juli 1914 wurde eine Passage vollständig unterschlagen, in der er auf die zwischen Frankreich und Russland während des Besuchs des Präsidenten getroffene Vereinbarung hinwies, wonach man sich darauf einigte, keine Einmischung Österreichs in die inneren Angelegenheiten

Serbiens zu dulden. In Anbetracht der Ereignisse in Serbien war dies von großer Bedeutung.

Im Weißbuch von 1914 erscheint ein Telegramm der französischen Regierung vom 20. Juli, in dem es heißt, dass »in Deutschland Zehntausende von Reservisten einberufen worden sind«. Ein Telegramm des britischen Botschafters in Berlin vom 1. August, in dem es heißt, dass noch keine Reservisten einberufen worden seien (404), wird jedoch zurückgehalten.

Besondere amtliche Berichte mussten mit der notwendigen Voreingenommenheit für den Krieg versehen werden. Hier ist ein Beispiel aus einem der Herrschaftsbereiche:

> »Am 29. Juni 1926 wurde vom Rat von Südwestafrika eine einstimmige Resolution verabschiedet. Dieses Gremium betrachtete das Blaubuch der Südafrikanischen Union, das sich gegen die Verwaltung von Deutsch-Südwestafrika richtete, als reines Kriegsinstrument und forderte die Regierung auf, Kopien des Buches, die sich unter den offiziellen Dokumenten oder in den Buchhandlungen befanden, zu vernichten. In seiner Antwort erklärte der südafrikanische Premierminister, General Hertzog, dass er und seine Regierungskollegen die Gründe für die Ratsentschließung nachvollziehen könnten und dass er bereit sei, sich den Wünschen des Rates so weit wie möglich anzuschließen. Der unzuverlässige und unwürdige Charakter dieses Dokuments verurteilte es seiner Meinung nach zu einem unehrenhaften Begräbnis, zusammen mit allen ähnlichen Veröffentlichungen der Kriegszeit.«
>
> (*Dr. Schnees Beschwerde über die Mandatsgebiete in Afrika. The Times*, 16. Mai. 1927)

Das französische Gelbbuch war ein Sammelsurium von Unterdrückungen, Verstümmelungen und sogar Fälschungen. Wie ein französischer Schriftsteller (*L'Évangile du Quai d'Orsay*, von George Demartial), der diese ganze Frage sorgfältig untersucht hat, schreibt:

> »Die Regierung hat aus dem Gelben Buch alles herausgeschnitten, was die russische Mobilmachung betraf, so wie ein Krimineller alle Spuren seines Verbrechens verwischt.«

M. Demartial widmet einen ganzen Band den verschiedenen Arten der Manipulation dieser offiziellen Aufzeichnungen, um das französische Volk zu täuschen, und fragt: »Wenn die französische Regierung unschuldig ist, warum hat sie dann die Sammlung der diplomatischen Dokumente gefälscht, die den Ursprung des Krieges aufdecken?«

Auch im offiziellen deutschen Weißbuch gab es Auslassungen, wie zum Beispiel ein Telegramm des Zaren, in dem er vorschlug, den Konflikt zwischen Österreich und Serbien einem Schiedsgericht zu unterbreiten.

Ein berühmter Fall von Fälschung war der von der Revolutionsregierung Kurt Eisner im November 1918 in München herausgegebene Bericht, der vorgab, den Text einer Depesche des bayerischen Ministers in Berlin wiederzugeben. In der veröffentlichten Fassung zeigte dieser Bericht, dass die deutsche Regierung in zynischer Weise den Ausbruch eines Weltkriegs als Folge der von Österreich vorgeschlagenen Zwangsmaßnahmen gegen Serbien in Erwägung zog. Der Vorfall gab Anlass zu einer Verleumdungsklage. Zwölf ausländische Behörden prüften das Dokument, und alle kamen zu dem Schluss, dass es sich um eine Fälschung handelte. Der französische Professor der Sorbonne, M. Edouard Dujardin, erklärte:

> »Ich bin der Meinung, dass der Text, wie ihn die *Bayerische Staatzeitung* veröffentlicht hat, eine der offenkundigsten und kriminellsten Fälschungen ist, die die Geschichte kennt.«

Aus dem vollständigen Text ging hervor, dass die deutsche Regierung nicht an einen Weltkrieg, sondern an einen lokalen Krieg zwischen Österreich und Serbien dachte.

Aber was auch immer man über die Verschleierung durch andere Regierungen sagen mag, die Verfälschung und Verstümmelung des russischen Orangenbuchs sind mit nichts zu vergleichen. Die Auslassung nicht nur von Passagen, sondern einer ganzen Reihe wichtiger Telegramme und Depeschen, die zwischen dem russischen Außenminister Sazonow und dem russischen Botschafter in Paris, Iswolski, ausgetauscht wurden, zeigt die Entschlossenheit, die tatsächliche Haltung Russlands und Frankreichs in den kritischen Tagen zu verschleiern, und die nachträglich ermöglichte Einfügung dieser unterdrückten Dokumente gibt den Ursprüngen des Kriegsausbruchs ein ganz anderes Gepräge, als damals angenommen wurde. (Der Text der unterdrückten Dokumente findet sich in *Duty to Civilization* von Francis Nielson.)

Zu den Unterschlagungen gehörten ein Telegramm, in dem es hieß, dass »Deutschland die Lokalisierung des Konflikts sehnlichst wünscht« (24. Juli) – »Ratschläge zur Mäßigung ... Wir müssen sie alle von vornherein zurückweisen.« Telegramme, die die Sorge des deutschen Botschafters um den Frieden zeigen; Telegramme, die den kriegerischen Geist Frankreichs zeigen, und Anweisungen an die Russen, ihre Vorbereitungen so schnell wie möglich fortzusetzen (30./31. Juli). »Die französische Regierung hat sich fest zum Krieg entschlossen und bittet mich, die Hoffnung des französischen Generalstabs zu bestätigen, dass alle unsere Bemühungen gegen Deutschland gerichtet sein werden und dass Österreich als *quantité négligeable* behandelt wird.« In einigen Fällen wurden Sätze ausgelassen und in vielen Fällen wurde das gesamte Telegramm unterschlagen.

Staatsmänner in allen Ländern, die man niemals als unehrenhafte Menschen bezeichnen würde, würden vor der Fälschung ihrer eigenen privaten oder geschäftlichen Korrespondenz mit Abscheu zurückschrecken. Würden sie dies tun, so würden sie von ihren eigenen Gerichten als Verbrecher verurteilt und von der öffentlichen Meinung verdammt werden. Doch da sie im Namen ihres Landes handeln und es um Fragen von so großer Bedeutung geht, zögern sie nicht, ihr Volk und die Welt vorsätzlich in die Irre zu führen und ihre Haltung mit den gemeinsten Mitteln zu rechtfertigen.

26. Heuchlerische Empörung

Der Gaskrieg und der U-Boot-Krieg waren Beispiele für heftige Empörungsausbrüche seitens der Presse, die sich als grobe Heuchelei erwiesen.

Dies ist eher eine Haltung als ein Ausdruck von Falschheit.

> »Wir müssen damit rechnen, dass die Deutschen wie die Wilden kämpfen werden, die sich ein Wissen über Chemie angeeignet haben.«
>
> (*Daily Express*, 27. April 1915)
>
> »Diese grausame Methode der Kriegsführung ... diese teuflische Erfindung ... Der vorsätzliche und systematische Versuch, unsere Soldaten zu ersticken und zu vergiften, kann nur eine Wirkung auf das britische Volk und auf alle nichtdeutschen Völker der Erde haben. Er wird unsere Empörung und unsere Entschlossenheit vertiefen, und er wird alle Rassen mit einem Schrecken vor dem deutschen Namen erfüllen.«
>
> (*The Times*, 29. April 1915)

Es stellte sich jedoch heraus, dass die Deutschen nicht die Ersten waren, die Giftgas einsetzten. Die Entdeckungen von M. Turpin auf dem Gebiet des Giftgas-Sprengstoffs waren schon vorher in der französischen Presse bekannt gemacht worden, und die offiziellen Anweisungen des französischen Kriegsministeriums für den Einsatz von Gas-Handgranaten waren im Herbst 1914 herausgegeben worden.

Im Mai 1915 schrieb Colonel Maude in *Land und Wasser*:

> »Alle Granaten, alle Brände, alle Minenladungen geben erstickende Gase ab, und bei einigen Granaten sind die Dämpfe giftig. Deren Verwendung wird seit Jahren diskutiert, weil dem Sprengstoff, der das tödliche Gas freisetzt, eine ganz ungewöhnliche Kraft nachgesagt wird; aber der Grund, warum viele dieser Gattungen nicht angenommen wurden, war,

dass sie als zu gefährlich für den Transport und die Handhabung durch unsere Kanoniere angesehen wurden, und nicht, dass sie, wenn sie explodieren, den Feind vergiftet hätten. Zu dieser Zeit wurde diese tödliche Eigenschaft mit dem Argument der Humanität verteidigt, da der Tod absolut sicher und schmerzlos sei und es daher keine Verwundeten gebe. Auf jeden Fall wurde zu Beginn dieses Krieges in allen französischen Zeitungen berichtet, dass die Schwierigkeiten bei der Handhabung dieser Granaten überwunden seien und dass sie in bestimmten Abschnitten der französischen Front mit bewundernswerten Ergebnissen eingesetzt worden seien. Wenn es an der Zeit ist, ihre Verwendung zu verteidigen, werden wir dann wirklich die Frechheit besitzen, für unsere Granaten zu behaupten, dass sie vergiften, aber nicht ersticken? Fällt nicht auch die Vergiftung unter die Haager Konvention? Dem Geiste nach ist dies zweifellos der Fall, aber da ich den Text nicht zur Hand habe, könnte er in dieser Frage ein Schlupfloch lassen, durch das unsere internationalen Juristen entkommen könnten.«

Später haben wir dann natürlich den Gaskrieg übernommen und perfektioniert.

Mr. Billing: »Ist es nicht eine Tatsache, dass wir ein besseres Gas und einen besseren Schutz haben und dass die Hunnen jetzt petzen?«

Mr. Bonar Law: »Ich wünschte, ich wäre mir da so sicher wie der Herr Abgeordnete.« (House of Commons, 25. Februar 1918)

»Ihre (die britischen und französischen) Gasmasken sind heute wirksamer als die deutschen; ihr Gas ist besser und wird besser verwendet.«

(*Daily Mail*, 15. Februar 1918)

Die Alliierten wetteiferten miteinander bei der Herstellung von Giftgas, und der folgende Artikel von Mr. Ed. Berwick, einem Amerikaner, zeigt das Ausmaß, das es vor dem Ende erreicht hatte.

»Es gab dreiundsechzig verschiedene Arten von Giftgas, die vor Kriegsende verwendet wurden, und im November 1918 war unser Dienst für chemische Kriegsführung (der im Juni desselben Jahres gegründet wurde) mit fünfundsechzig ›großen Forschungsproblemen‹ beschäftigt, darunter acht Gase, die tödlicher waren als alle bis dahin verwendeten ... Eine Art machte den Boden sieben Jahre lang unfruchtbar, und ein paar Tropfen auf einem Baumstamm ließen ihn ›in einer Stunde verdorren‹. Unser Arsenal in Edgewood, Maryland, und seinen Nebenstellen produzierte wöchentlich 810 Tonnen, gegenüber 385 Tonnen in Frankreich, 410 Tonnen in Großbritannien und nur 210 Tonnen in Deutschland.

Das Arsenal war fast bereit die Produktion auf 3 000 Tonnen pro Woche zu erhöhen ... Der Kongress hatte 100 000 000 Dollar für diesen chemischen Kriegsdienst bewilligt und 48 000 Männer für seinen Einsatz abgestellt. Der Waffenstillstand machte sowohl die Zuteilung als auch die Zuteilung in dieser Größenordnung überflüssig.«

(*Foreign Affairs*, Juli 1922)

»Giftgas von unglaublicher Bösartigkeit, gegen das nur eine geheime Maske (die sich die Deutschen nicht rechtzeitig beschaffen konnten) ein Mittel war, hätte jeden Widerstand erstickt und alles Leben an der feindlichen Front, die angegriffen wurde, lahmgelegt.«

(*What War in 1919 Would Have Meant*, von Winston Churchill, *Nash's Pall Mall Magazine* September 1924)

Seit dem Krieg wird weiter geforscht und experimentiert, und Großbritannien gilt nun als Vorreiter in dieser »grausamen Methode der Kriegsführung«, »dieser teuflischen Erfindung«, der Waffe der »Wilden«.

Der U-Boot-Krieg hatte die gleiche Wirkung. »Man kann Deutschland nicht erlauben, ein System der offenen Piraterie und des Mordes einzuführen.« (Mr. Churchill, House of Commons, 15. Februar 1915)

»Heute schlägt eine der europäischen Großmächte zum ersten Mal in der Geschichte vor, einen systematischen Seekrieg mit Mitteln zu führen, die bisher von allen Nationen als seeräuberisch verurteilt wurden.«

(*The Times*, 18. Februar 1915)

Es ist überflüssig, die Beispiele heftiger und gerechter Entrüstung seitens der Presse und einzelner Personen aufzuzählen. Aber lange vor diesem Ereignis wurde die andere Seite der Frage von keinem Geringeren als Sir Percy Scott dargelegt, der in seiner Antwort auf Lord Sydenham in der *Times* vom 16. Juli 1914, also vor Ausbruch des Krieges, das folgende Zitat aus einem Brief eines ausländischen Marineoffiziers und seinen Kommentar dazu wiedergab:

> »Wenn wir mit einem Inselstaat in den Krieg zögen, der für seine Lebensmittelversorgung von Übersee abhängig ist, wäre es unsere Aufgabe, diese Versorgung zu unterbinden. Bei der Kriegserklärung sollten wir dem Feind mitteilen, dass er seine heimkehrenden Handelsschiffe davor warnen sollte, sich der Insel zu nähern, da wir eine Minen- und U-Boot-Blockade errichten würden.
>
> Ebenso sollten wir alle Neutralen davon in Kenntnis setzen, dass eine solche Blockade verhängt wurde und dass ihre Schiffe, sollten sie sich der Insel nähern, entweder durch Minen oder U-Boote zerstört werden könnten und dies daher auf eigene Gefahr geschähe.«

Der Kommentar stammt von Sir Percy Scott:

> »Eine solche Proklamation wäre meiner Meinung nach völlig in Ordnung, und wenn sie einmal erlassen worden wäre, könnte man, wenn ein britisches oder neutrales Schiff sie missachtete, nicht behaupten, dass es sich um die von Lord Sydenham erwähnten friedlichen Aktivitäten handelte, und wenn es bei dem Versuch versenkt würde, könnte man das nicht als einen Rückfall in die Barbarei oder Piraterie in ihrer dunkelsten Form bezeichnen. Wenn Lord Sydenham in den Berichten darüber nachschlagen würde, was den Blockadebrechern in Charleston während des Amerikanischen Bürgerkriegs gewöhnlich widerfuhr, würde er wohl feststellen, dass die Blockadekreuzer selten Skrupel hatten, die Schiffe, die sie verfolgten, zu beschießen oder an Land zu treiben und sie sogar, wenn sie gestrandet waren, mit Granaten und Artillerie zu beschießen. Die Mine und der U-Boot-Torpedo werden eine neuere Abschreckung sein.«

In einem seiner typisch scherzhaften Briefe (an Admiral Tirpitz anlässlich seines Rücktritts, 29. März 1916) schrieb Lord Fisher:

> »Ich mache Ihnen keinen Vorwurf wegen der U-Boot-Sache. Ich hätte das Gleiche getan, nur unsere Idioten in England wollten es nicht glauben, als ich es ihnen sagte.«

Es gab den gleichen Aufschrei über Luftangriffe. Man vermittelte uns den Eindruck, dass die Hunnen die Ersten waren, die den Tod vom Himmel regnen ließen. Aber unter den Laternenvorträgen, die das National War Service Committee 1918 zu Propagandazwecken hielt, befanden sich auch Dias, die Bombenabwürfe auf deutsche Städte illustrierten. Die gedruckte Zusammenfassung eines dieser Dias lautete:

> »Diese frühen Angriffe der R.N.A.S. waren die ersten Beispiele für Bombenabwürfe aus der Luft in überhaupt einem Krieg, und es ist schade, dass wir zu Beginn des Krieges nicht genügend Flugzeuge hatten.«

Lord Montagu sagte im Juli 1917 im House of Lords:

> »Es ist absoluter Humbug, davon zu sprechen, dass London eine unverteidigte Stadt ist. Die Deutschen hatten ein uneingeschränktes Recht, London anzugreifen. London wurde durch Kanonen und Flugzeuge verteidigt und war das wichtigste Zentrum für die Herstellung von Munition. Wir haben uns also nur etwas vorgemacht, als wir davon sprachen, dass London eine unverteidigte Stadt ist und dass die Deutschen sich mit ihrem Angriff einer Handlung schuldig gemacht haben, die einer zivilisierten Nation unwürdig ist. Das mag im Augenblick eine unpopuläre Aussage sein, aber es ist die tatsächliche Lage. Die richtige Haltung der Regierung war es, der Zivilbevölkerung zu sagen: ›Dies ist ein Krieg der Nationen und nicht nur der Armeen, und Sie müssen sich bemühen, die Verluste, die Sie erleiden, genauso zu ertragen wie die französische und belgische Zivilbevölkerung die Verluste, die mit dieser Art von Krieg verbunden sind.‹«

Die Alliierten unternahmen Angriffe auf deutsche Städte wie Karlsruhe, und es wurde nicht länger von Unmenschlichkeit gesprochen.

> »Wer erinnert sich nicht an die heftige Empörung in Großbritannien, als bekannt wurde, dass die Deutschen so tief gesunken waren, dass sie giftige Gase einsetzten? Die britische Zensur ließ gerne die schrecklichsten Details über das durch diese neue Foltermethode verursachte Leid durchgehen. Bald verbot die Londoner Zensur weitere Hinweise auf den Einsatz von Gas, was natürlich bedeutete, dass England auf eigene Faust ein

wenig vergiften würde. Heute wird der Einsatz von Gas durch die Briten nicht nur ohne Scham, sondern mit freudiger Genugtuung begrüßt. Die Tötung unschuldiger Frauen und Kinder in deutschen Städten durch die Flieger der Alliierten zeigt es wieder einmal, wie schnell die eigenen Ideale im Krieg über Bord gehen.«

(*New York Evening Post*, 30. Juni 1916)

27. Andere Lügen

Es wurde so viel Unwahrheit gesät, dass es unmöglich wäre, zu diesem bereits weit entfernten Zeitpunkt die gesamte Ernte zusammenzutragen. Eine bloße Behauptung, selbst von einer Privatperson, reichte oft aus, um den Stein ins Rollen zu bringen. Die Presse war nur zu dankbar für jede Andeutung, die eine weitere Flut von Lügen auslösen konnte, und die Regierung war, wenn sie nicht mit ihren eigenen Täuschungsmanövern beschäftigt war, immer bereit, die direkte Leugnung der Volkslügen zu vermeiden, indem sie die Verantwortung von sich wies.

Es können einige weniger wichtige und einige lächerlichere Geschichten angeführt werden.

Die Gouvernante

Fast jede ausländische Gouvernante oder jeder Bedienstete im Lande stand unter schwerwiegendem Verdacht, und die Geschichten, die über sie erfunden wurden, waren zahlreich. Die beste Wiedergabe der Gouvernantengeschichte stammt von Sir Basil Thomson (*Queer People* von Sir Basil Thompson):

> »Eine klassische Version war, dass die Erzieherin beim Mittagessen fehlte und dass die Familie, als sie ihren Koffer öffnen wollte, unter einem doppelten Boden einen Vorrat an hochexplosiven Bomben entdeckte.
>
> Jeder, der diese Geschichte erzählte, kannte den Arbeitgeber der Frau; einige hatten die Erzieherin sogar selbst in glücklicheren Tagen gesehen: ›So eine nette, ruhige Person, so kinderlieb; aber jetzt, wo man darüber nachdenkt, war da schon immer etwas in ihrem Gesicht, unmöglich zu beschreiben, aber ein Etwas.‹«

Der Kellner

Ein Schweizer Kellner, der auf einer Speisekarte einen Plan der Tische im Speisesaal des Hotels gezeichnet hatte, für das er zuständig war, wurde aufgrund der dringenden Hinweise eines Hotelbesuchers, der überzeugt war, dass der Plan von militärischer Bedeutung war, in aller Eile zu Scotland Yard gebracht.

Ein deutsches Dienstmädchen in Bearsden, in der Nähe von Glasgow, mit einem Koffer voller Pläne und Fotos, war eine weitere Erfindung.

Emaillierte Werbung

Es wurde berichtet, dass emaillierte Eisenreklamen für »Maggi-Suppe«, die an Plakatwänden in Belgien angebracht waren, von deutschen Offizieren abgeschraubt wurden, um die Informationen über die lokalen Ressourcen zu lesen, die von Spionen, die ihnen vorausgegangen waren, in deutscher Sprache auf die Rückseite geschrieben worden waren. Ob dies nun stimmte oder nicht, es wurde allgemein akzeptiert, und in den Londoner Vororten wurden Schraubenziehertrupps gebildet, um die Rückseiten der emaillierten Reklame zu untersuchen.

Betonplatten

Die in Maubeuge angelegten Geschützstellungen in Form von Tennisplätzen führten zu dem erstaunlich weit verbreiteten Glauben, dass alle Hartplatzanlagen, gepflasterten Hintergärten oder Betondächer zu diesem Zweck angelegt wurden. Jeder, der einen solchen Platz besaß, geriet unter Verdacht, nicht nur auf den britischen Inseln, sondern auch in Amerika, und die Angst griff sogar auf Kalifornien über.

Der *Bystander* brachte im März 1915 eine Karikatur von Bernhardi, der seine Bücher schrieb, ein Schwert zwischen den Zähnen und einen Revolver in der linken Hand, an der Wand ein Plan mit der Aufschrift »geplantes Betonbett in Golders Green«.

Die Röhren

Die Röhre als Zufluchtsort vor Zeppelinangriffen ist natürlich in den Fokus gerückt. Sir Basil Thomson gibt in diesem Zusammenhang eine der Möglichkeiten für eine Erfindung an.

Eine englische Krankenschwester hatte einen deutsche Offizier von der Schwelle des Todes zurückgebracht. In einem Anflug von Dankbarkeit sagte er beim Abschied: »Mehr darf ich Ihnen nicht sagen, aber hüten Sie sich vor den Röhren (im April 1915).« Im Laufe der Zeit wurde das Datum Monat für Monat vorverlegt. Wir haben uns die Mühe gemacht, diese Geschichte von Mund zu Mund weiterzugeben, bis wir zur zweiten Direktorin in einem Londoner Internat gelangten. Sie erklärte, sie habe sie von der Putzfrau gehört, die die Schule reinigte, aber diese Dame bestritt hartnäckig, jemals eine so lächerliche Geschichte erzählt zu haben.

Die Bombardierung von Krankenhäusern

Im Mai 1918 war die Presse voll von Artikeln, die von heftigster Empörung über die absichtliche Bombardierung von Krankenhäusern durch die Deutschen zeugten. Die *Times* (24. Mai 1918) schrieb: »Das stand auf einer Stufe mit all den Abscheulichkeiten, die den deutschen Namen seit Beginn des Krieges in der Nase der Menschheit stinken lassen und ihn stinken lassen werden, solange die Erinnerung andauert«, und empfahl, nachdem sie besiegt worden waren, »die Ächtung aus der Gesellschaft der zivilisierten Nationen.« Es gab eine *Punch*-Karikatur, und der Rest der Presse schrie auf. Die Soldaten ließen sich jedoch wie üblich nicht zu einer Hysterie hinreißen und erläuterten die Sache mit der Bombardierung der Krankenhäuser in Etaples, woraufhin in einem vom *Manchester Guardian* veröffentlichten Leitartikel Folgendes erschien.

> »Gegen Ende des letzten Monats und zu Beginn dieses Monats wurde die öffentliche Meinung hier – und, wie wir annehmen, auch in den meisten anderen Ländern – durch Nachrichten von Korrespondenten

aus Frankreich aufgeschreckt, die die absichtliche Bombardierung britischer Krankenhäuser durch deutsche Flieger beschrieben. In einem Fall behauptete der Korrespondent kategorisch, dass es sich nicht um einen Irrtum handeln konnte; die Krankenhäuser und nicht irgendetwas von militärischem Wert waren die Objekte, auf deren Zerstörung die Angreifer abzielten. Solche Nachrichten könnten ein noch heftigeres Feuer der Empörung auslösen, als es jetzt gegen die Deutschen brennt, da die Unmenschlichkeit keinen tieferen Punkt erreichen kann als einen Angriff auf die Kranken und Verwundeten und diejenigen, die sie versorgen. Es gab keinen offensichtlichen Grund, an der Richtigkeit dieser Berichte zu zweifeln, denn es gibt eine Zensur vor Ort, die nicht nur verhindert, dass der Korrespondent etwas sagt, was er missbilligt, sondern die auch einen Irrtum ausbügeln kann, wenn er durch ein Missgeschick in eine Ungenauigkeit hineingeraten ist, was leicht geschehen kann. Solange also diese Berichte eintrafen und nicht korrigiert wurden, war es richtig anzunehmen, dass sie den Tatsachen entsprachen. Wir glauben jedoch, dass die Militärbehörden der Ansicht sind, dass es keine ausreichenden Beweise dafür gibt, dass es sich um vorsätzliche Angriffe auf Krankenhäuser handelt. Die Militärs sind der Ansicht, dass Krankenhäuser auf beiden Seiten der Front manchmal in der Nähe von Objekten von militärischer Bedeutung wie Eisenbahnen, Lagern oder Munitionsdepots liegen müssen und dass bei einem nächtlichen Angriff die Krankenhäuser Gefahr laufen, getroffen zu werden, wenn die sie umgebenden militärischen Objekte angegriffen werden. Aber wenn dies die maßgebliche militärische Ansicht ist, wie kommt es dann, dass Korrespondenten irreführende Nachrichten in dieses Land senden durften oder dass, wenn Nachrichten gesendet wurden, keine Schritte unternommen wurden, um den Eindruck zu beseitigen, den sie verursacht hatten? Unsere Anklage gegen die Deutschen ist nach bestem Wissen und Gewissen stark genug und gründlich begründet. Wir können es uns leisten, auch ihnen gegenüber Gerechtigkeit walten zu lassen, und wir sollten nicht weniger tun.«

(*Manchester Guardian*, 15. Juni 1918)

Die ständige Behauptung, dass zu keinem Zeitpunkt Lazarettschiffe für die Beförderung von Kriegsmaterial oder Soldaten eingesetzt wurden, widerspricht den Tatsachen.

Der Kronprinz

Der deutsche Kronprinz wurde, wenn er nicht tot war, immer als Dieb von Wertgegenständen aus französischen Schlössern dargestellt. Es folgt ein Auszug aus dem, was man zu diesem Thema zu schreiben für nötig hielt:

> »Der Kronprinz von Preußen wird vielleicht noch als Prinz unter den Einbrechern und als Einbrecher unter den Prinzen verewigt werden! ... Deutschland führt Krieg in einer Art und Weise, die sich Bill Sikes empfohlen hätte, und der älteste Sohn des Kaisers hat in seinem Eifer, die ›Beute‹ zu sichern, das Recht verdient, als kaiserlicher Fagin bezeichnet zu werden. Dieses moderne Deutschland, dessen Geist vom Kronprinzen verkörpert wird, kämpft wie ein tapferer Schurke. Es wird sterben wie ein Held, aber es wird morden wie ein Apache und stehlen wie ein gemeiner Taschendieb.«
>
> (*Diebstähle durch den Kronprinzen*, *Daily Express*, 1. November 1914)

1915 erschien in *La Nouvelle Revue* ein Artikel einer irischen Dame, deren Freund Zeuge einer geheimen Zeremonie in Menin war, bei der »der deutsche Kronprinz auf dem Marktplatz zum König von Belgien gekrönt wurde«. Dieser Artikel wurde in der englischen Presse wiedergegeben.

Tuberkulose-Keime

Die Deutschen wurden beschuldigt, französische Gefangene mit Tuberkuloseerregern geimpft zu haben. Diese Behauptung war so nachdrücklich, dass im Parlament am 24. April 1917 eine Anfrage zu diesem Thema gestellt wurde. Die Regierung leugnete jedoch, über Informationen zu diesem Thema zu verfügen, und die Geschichte wurde fallen gelassen.

Der patriotische Lügner

Die Methode des patriotischen Lügners lässt sich am Fall eines Geistlichen veranschaulichen, der am 7. Oktober 1914 die *Manchester Geographical Society* informierte:

»Sie werden nur ein Hundertstel der tatsächlichen Gräueltaten hören, die dieser Krieg hervorgebracht hat. Die zivilisierte Welt könnte die Wahrheit nicht ertragen. Sie wird sie nie hören. In ganz England gibt es heute Dutzende – ich untertreibe – von belgischen Mädchen, denen die Hände abgeschnitten wurden. Das ist nichts im Vergleich zu dem, was wir Ihnen erzählen könnten.« Später im selben Monat schrieb der ehrwürdige Herr an die *Daily News* und fragte: »Kann mir jemand, der solche Fälle hier in England gesehen hat, vollständige Angaben schicken?«

Er hatte zuerst seine Aussage gemacht und sich anschließend bemüht, seine Beweise zusammenzufinden.

Bergarbeiter lebendig begraben

Am 29. August erschien im *Daily Citizen* von Glasgow ein Absatz mit der folgenden Überschrift: »Bergleute lebendig begraben! Feind blockiert Schächte in belgischen Gruben.« Am 1. Dezember gab der *Daily Citizen* (ohne Überschrift) die Erklärung von M. Lombard (Generalsekretär der belgischen Bergarbeiter) vor dem Vorstand der Bergarbeitervereinigung Großbritanniens wieder, in der er »bestritt, dass an dem in diesem Land so frei zirkulierenden Gerücht, die Deutschen hätten an verschiedenen Stellen die Schächte verschlossen und so die Bergleute unter Tage erstickt, auch nur das Geringste dran sei«.

Kriegsnachrichten für die USA

Ein ehemaliger Vertreter der Standard Oil Company, der in Crieff, Schottland, lebte, versorgte die USA mit »Kriegsnachrichten«. Der *Strathearn Herald* gab im Dezember 1914 einige Beispiele. Da war natürlich das belgische Baby ohne Hände, das in Glasgow angekommen war.

> »Über hundert Deutsche wurden mit Käfigen voller Brieftauben in Glasgow und Edinburgh gefunden.«

Die interessanteste Nachricht war jedoch, »dass General French, als sich die britische Armee vor etwa einem Monat in Frankreich zurückziehen musste, einige französische Generäle um Verstärkung bat, was ihm verweigert wurde. Kitchener reiste am nächsten Tag nach Europa, und die einzige Ausrede war, dass die französischen Truppen müde seien. Bei einer Untersuchung stellte sich jedoch heraus, dass zwei der französischen Generäle deutsche Ehefrauen hatten. Kitchener befahl, zwei von ihnen zu erschießen.«

Ein Soldatenbrief

Bei einer Versammlung in Nordengland erzählte kürzlich ein ehemaliger Soldat im Publikum von der folgenden Erfahrung:

Er wurde an der Westfront verwundet und gefangen genommen und lag einige Zeit im Krankenhaus in Deutschland. Als er sich auf dem Weg der Besserung befand, erfuhr er, dass er aus dem Krankenhaus entlassen werden sollte, da Betten für verwundete Deutsche gesucht wurden, und dass er in ein spezielles Lager für Rekonvaleszenten geschickt werden sollte. In einer kurzen Mitteilung an seine Angehörigen informierte er sie über die Verlegung.

Als er nach dem Krieg nach Hause zurückkehrte, musste er zu seinem Erstaunen feststellen, dass die örtliche Presse von seinen Leuten die Erlaubnis erhalten hatte, den Brief zu verwenden, und um ihn herum eine »Gräuel«-Geschichte gewoben hatte, in der es darum ging, wie er, als er kurz vor dem Tod stand, aus dem Bett geholt wurde, um Platz für einen leicht verwundeten Deutschen zu schaffen, und auf eine sehr lange Reise in ein Lager geschickt wurde, wo seine Wunden unmöglich richtig versorgt werden konnten, sodass es aufgrund dieser Barbarei seitens der Deutschen praktisch keine Chance auf Genesung gab.

Gefälschter deutscher Befehl

Ein Gefreiter, der in der 24. Division diente, berichtete, wie 1917 in der Somme-Region eine abgetippte Kopie einer Übersetzung eines angeblichen deutschen Befehls unter den Truppen zirkulierte. Der Befehl verlangte, dass deutsche Frauen mit Zivilisten und beurlaubten Soldaten zusammenleben sollten, damit es nicht an Kindern mangelte, um die Kriegsverluste auszugleichen. Es wurden Belohnungen für diejenigen ausgesetzt, die den Befehl eifrig ausführten. Das Rundschreiben, das mit amtlichen Maschinen getippt wurde, wurde in den Kantinen ausgehängt.

Russisches Arsenal zerstört

Am 11. September 1915 erschien in den *Evening News* eine große Schlagzeile:

»Sprengt das verkrüppelte Russland«
»ARSENAL DURCH GEWALTIGE EXPLOSION ZERSTÖRT«

und es wurde ausführlich beschrieben, wie das russische Woolwich durch deutsche Spione und Verrat »in Stücke gesprengt« worden war. Ochta war das russische Woolwich und weit mehr als das russische Woolwich. Es war die einzige Munitionsfabrik in ganz Russland.

Später stellte sich heraus, dass die Explosion in Ochta gar nicht in einem Waffenlager stattfand, sondern auf einen Unfall in einer Fabrik zurückzuführen war, die vorübergehend in eine Munitionsfabrik umgewandelt worden war. Keine deutschen Spione hatten etwas damit zu tun. Es handelte sich um eine unbedeutende Angelegenheit, und ein kleiner Absatz mit der wahren Version wurde in einer späteren Ausgabe der Zeitung eingefügt.

Amüsanter Weise erschien in derselben Ausgabe und auf derselben Seite ein satirischer Artikel über »Die Gerüchte-Mikrobe«, in dem sich ein Mann darüber lustig machte, dass »ein Verwandter von ihm einen Bekannten hatte, der einen Zeppelin auf Hampstead Heath hatte landen sehen, und ein Mann ging zu einigen Ställen und holte eine Reihe von Pferden heraus, die den Zeppelin wegschleppten«.

Die sorgfältige Durchsicht der Akten britischer und ausländischer Zeitungen, während dieser vier Jahre, würde eine erstaunliche Ausbeute an Unwahrheiten ergeben. Da die öffentliche Meinung immer von allem, was gedruckt wird, beeinflusst wird, muss der Einfluss der Presse bei der Aufwiegelung eines Volkes gegen das andere sehr beträchtlich und nach Meinung vieler Menschen sehr löblich gewesen sein.

28. Die Produktion von Nachrichten

»The Fall of Antwerp.« November 1914.

»Als der Untergang von Antwerpen bekannt wurde, wurden die Kirchenglocken geläutet (gemeint ist Deutschland).«

(*Kölnische Zeitung*)

»Nach Angaben der *Kölnischen Zeitung* wurden die Geistlichen von Antwerpen gezwungen, die Kirchenglocken zu läuten, als die Festung eingenommen wurde.«

(*Le Matin*)

»Wie *Le Matin* aus Köln erfuhr, wurden die belgischen Priester, die sich weigerten, bei der Einnahme Antwerpens die Glocken zu läuten, aus ihren Häusern vertrieben.«

(*Die Zeit*)

»Wie die *Times* über Paris aus Köln erfahren hat, wurden die bedauernswerten belgischen Priester, die sich weigerten, die Kirchenglocken zu läuten, als Antwerpen eingenommen wurde, zu Zwangsarbeit verurteilt.«

(*Corriere della Sera*)

»Nach Informationen, die dem ›*Corriere della Sera*‹ aus Köln über London zugetragen wurden, wird bestätigt, dass die barbarischen Eroberer von Antwerpen die bedauernswerten belgischen Priester für ihre heldenhafte Weigerung, die Kirchenglocken zu läuten, bestraften, indem sie als lebende Klöppel mit gesenktem Kopf zu den Glocken gingen.«

(*Le Matin*)

29. Kriegsziele

Da große Ungewissheit darüber herrschte, wie im Falle eines Sieges die Beute aufgeteilt werden würde, war es den Staatsmännern der alliierten Nationen unmöglich, genaue Angaben darüber zu machen, welche konkreten Ziele in Bezug auf territoriale Anpassungen und koloniale Errungenschaften als wünschenswert angesehen werden konnten, ohne Eifersucht und Misstrauen untereinander zu wecken. Es wurde daher notwendig, einige allgemeine hochtrabende moralische Ideale zu verkünden, die dem Krieg den Charakter eines fast religiösen Kreuzzuges verleihen könnten. Es war besonders unglücklich, eine Reihe von Ausrufen zu wählen, von denen sich jeder auf lange Sicht als falsch erwiesen hat.

Ein Krieg zur Zerschlagung des Militarismus.

Jeder weiß heute, dass der Militarismus nicht durch Krieg besiegt werden kann. Selbst wenn er in einem Bereich beseitigt wird, wird er anderswo nur stärker. Der Militarismus kann nur durch das Wachstum einer echten Demokratie in einer Ära des Friedens besiegt werden. Es bedarf nur einiger weniger Zahlen, um zu zeigen, wie falsch dieser Ausruf war, falls er jemals von jemandem geglaubt wurde. Die *Morning Post* war ehrlich genug, es als »dieses absurde Gerede« zu bezeichnen.

DAS BRITISCHE EMPIRE
Ausgaben für Kampfeinsätze

1913–14.	1924–25.
£ 110,750,000	£ 117,525,000

Auch wenn man den Wertverlust des Geldes voll berücksichtigt, der bei der zweiten Zahl eher zu einem leichten Rückgang als zu einem Anstieg führen würde, ist in keiner Weise ein wesentlicher Rückgang zu erkennen, den man als Folge eines Krieges zur Beendigung des Militarismus erwarten könnte. Für den gleichen Zeitraum ergeben sich für die vier alliierten Mächte Frankreich, Italien, die Vereinigten Staaten und Japan folgende Gesamtwerte:

1913.	1925.
£ 194,380,625	£ 244,864,477

Seit dem Krieg, das heißt von 1918 bis 1926, hat Großbritannien über 1 300 000 000 Pfund für die Rüstung ausgegeben. Die Behauptung, der Krieg würde den Militarismus vernichten, war daher die extravaganteste und dümmste aller Spekulationen. Es wäre eine Beleidigung für die Intelligenz der Staatsmänner, wenn sie auch nur einen Moment lang glaubten, dass dies der Fall sein würde.

Ein Krieg zur Verteidigung kleiner Nationalitäten.

Das Ultimatum an Serbien und die Verletzung der belgischen Neutralität führten zu dem weit verbreiteten Ruf, dass wir »für die Rechte der kleinen Nationalitäten« kämpfen würden.

»Es bedeutet weiter, dass Raum für die unabhängige Existenz und freie Entwicklung der kleineren Nationalitäten gefunden und bewahrt werden muss, von denen jede ein eigenes Bewusstsein hat.« (*Mr. Asquith über Kriegsziele*, Dublin, 26. September 1914)

Es gab eine ganze Reihe weiterer Erklärungen von verantwortlichen Ministern mit ähnlichem Charakter.

Aber das ist genauso wenig wahr wie jeder andere Aufschrei. Abgesehen von den Minderheiten, die durch die aus strategischen Gründen und nicht nach Rasse oder Nationalität gezogenen Grenzverläufe unter Fremdherrschaft gestellt wurden, wurde Montenegro durch die Friedensverträge von der Landkarte getilgt, obwohl die Wiederherstellung Montenegros vom Premierminister am 5. Januar 1918 ausdrücklich erwähnt wurde (Broschüre *Nationale Kriegsziele Nr. 33*), die britische Besetzung Ägyptens dauerte an, die Syrer wurden von den Franzosen stark unterdrückt (Bombardierung von Damaskus), der Versuch der Riffs, ihre Unabhängigkeit zu erlangen, führte zu ihrer Auslöschung, Nicaragua und Panama wurden der politischen Herrschaft der Vereinigten Staaten unterworfen, und es ließen sich noch weitere Beispiele anführen, in denen der Kampf der »kleinen Nationalitäten« einfach als revolutionäre oder subversive Bewegung betrachtet wird. Es mag in den Augen der Großmächte gute politische Gründe für die genannten Fälle geben, aber das Bestreben, den Menschen einzureden, wir würden für kleine Nationalitäten kämpfen, war die reinste Heuchelei.

Ein Krieg, um die Welt für die Demokratie sicher zu machen.

Die Absurdität dieses sinnlosen Rufs der Alliierten, zu denen auch das Zarische Russland gehörte, ist offensichtlich. Seine Unaufrichtigkeit wird durch die Resultate bewiesen. In Italien gibt es jetzt die rücksichtsloseste Diktatur, die je errichtet wurde; in Spanien eine Nachahmung dieser Diktatur; in Polen eine verschleierte Diktatur; in Griechenland eine Reihe von Diktaturversuchen; in Ungarn etwas, das einer Diktatur nahekommt; in der Türkei und in Persien herrschen Einzelpersonen mit fast souveränen Vorrechten, und das sowjetische System ist eine Form der Diktatur. Mit Ausnahme Großbritanniens, der Vereinigten Staaten, der skandinavischen Länder, Belgiens, Hollands und der Schweiz ist die parlamentarische Regierungsform überall dort, wo sie nicht vollständig abgelöst wurde, in großer Gefahr.

Ein Krieg, um den Krieg zu beenden.

Dies war kein origineller Aufschrei. Er wurde schon in früheren Kriegen geäußert, obwohl jeder Schuljunge weiß, dass Krieg zu Krieg führt.

> »Wir haben uns lange von den falschen Ratschlägen der Politiker und Sentimentalisten täuschen lassen, die auch jetzt noch so tun, als ob dieser

Krieg das Ende aller Kriege bedeuten würde. Der Krieg wird niemals enden, solange die menschliche Natur die menschliche Natur bleibt.«

(*Morning Post*, 20. Oktober 1915)

Was den Großen Krieg betrifft, scheint die *Morning Post* auf dem neuesten Stand zu sein. Seit 1918 haben die Kämpfe in der Welt nie aufgehört. Es gab den Krieg der Alliierten gegen Russland, den Krieg zwischen der Türkei und Griechenland, die Heldentaten der Black and Tan in Irland, die bewaffnete Besetzung des Ruhrgebiets, den Krieg Frankreichs und Spaniens gegen die Riffs, den Krieg Frankreichs gegen die Syrer, die militärische Aktion der D. S. A. in Nicaragua, die Kämpfe in Mexiko und den unaufhörlichen Krieg in China.

Kein Territorium für Großbritannien.

Die Aussage, dass wir, egal wofür wir kämpfen, kein neues Territorium wollen, wurde häufig gemacht. In Anbetracht der Tatsache, dass das Britische Empire 1914 über dreizehn Millionen Quadratmeilen der Erdoberfläche umfasste, wurde diese Aussage als weise und vernünftig akzeptiert. Einige der wichtigsten Erklärungen zu diesem Thema seien hier angeführt.

»Wir wollen unsere kaiserliche Last weder in Bezug auf den Bereich noch auf die Verantwortung erhöhen.«

(*Mr. Asquith*, Oktober 1914)

»Unsere direkten und egoistischen Interessen sind gering.«

(*Mr. Asquith*, November 1914)

»Wir kämpfen nicht um Territorium.«

(*Mr. Bonar Law*, Februar 1916)

»Wir führen keinen Eroberungskrieg.«

(*Mr. Lloyd George*, Februar 1917)

»Ein solcher Sieg wird weder eine Vergrößerung des Territoriums noch eine Ausdehnung unseres Reiches bedeuten.«

(*Mr. Long*, Februar 1917)

So viel zu den Beteuerungen zum öffentlichen Konsum. Nun zu den Tatsachen in Bezug auf das, was »uns zugefallen ist«, als alles vorbei war.

	Quadratmeilen
Ägypten, zuvor unter türkischer Oberhoheit, wurde Teil des Britischen Empire	350 000
Zypern, früher unter türkischer Oberhoheit, wurde Teil des Britischen Empire	3 584
Deutsch-Südwestafrika, Mandat der Südafrikanischen Union	322 450
Deutsch-Ostafrika, Mandat Großbritanniens	384 180
Togoland und Kamerun, aufgeteilt zwischen Großbritannien und Frankreich (etwa die Hälfte)	112 415
Samoa, Mandat von Neuseeland	1 050
Deutsch-Neuguinea und Insel südlich des Äquators, von Australien gehaltenes Mandat	90 000
Palästina, Mandatsgebiet Großbritanniens	9 000
Mesopotamien (Irak), Mandat Großbritanniens	143 250
Gesamte Quadratmeilen	1 415 929

Dies ist keine schlechte Bilanz hinsichtlich »Eroberung«, »Territorium«, »zusätzliche kaiserliche Lasten in Bezug auf Gebiet und Verantwortung« und »Erweiterung des Reiches«. Aber es wäre sicher besser gewesen, die falschen Erklärungen nicht abzugeben, die uns unweigerlich den Vorwurf der Heuchelei einbrachten.

30. Ausländische Lügen

(a) Deutschland

Die Ähnlichkeit zwischen der Art und Weise, wie in Deutschland gelogen wurde, und der, wie wir hierzulande lügen, zeigt deutlich, dass die Täuschung des Volkes überall auf der Welt eine notwendige Begleiterscheinung des Krieges ist.

Innerhalb der Nation war die Zensur strenger als hier. Kein anständiges Wort über den Feind war erlaubt, und die gute Behandlung der Gefangenen in britischen Lagern wurde unterschlagen. Es wurde die gleiche erstaunliche Dummheit in Bezug auf Verheimlichungen an den Tag gelegt wie hierzulande. Aber ein noch größerer Fehler wurde begangen, weil die Situation bis zum Ende verharmlost und mit übertriebenem Optimismus dargestellt wurde. Die wirkliche Wahrheit über den Verlauf der Ereignisse wurde verschwiegen, jeder feindliche Erfolg kleingeredet, die Auswirkung des amerikanischen Eingreifens heruntergespielt, der Zustand der deutschen Ressourcen übertrieben, sodass, als die endgültige Katastrophe eintrat, viele Menschen sich überrumpelt fühlten. In diesem Zusammenhang haben die Deutschen eine stärkere Anklage gegen ihre Behörden erhoben als wir. In diesem Land wurden Vorsichtsmaßnahmen und Warnungen nicht ausgelassen.

Das Pressebüro (Pressekonferenz) wurde von einem Soldaten geleitet. Die Verluste wurden so weit wie möglich verheimlicht. Am 15. November 1914 gab die Pressekonferenz an, dass es einige hundert Tote gegeben habe, während die offizielle Liste zu diesem Zeitpunkt 55 000 Namen enthielt. Eines der Mitglieder der Pressekonferenz gab das Rundschreiben unseres Kriegsministeriums wieder, als er einmal in Bezug auf eine falsche offizielle Meldung sagte: »Es kommt nicht so sehr auf die Richtigkeit der Nachricht an, sondern auf ihre Wirkung.« (*Die große Zeit der Lüge,* Hellmut v, Gerlach)

Die Türken waren peinliche Verbündete. Die Massaker an den Armeniern mussten verschwiegen werden, auch wenn in einigen Zeitungen versucht wurde, sie zu verteidigen.

Unsere Dichter und Professoren hatten ihre genaue Entsprechung in Deutschland und gaben dem orthodoxen »Patriotismus« eine intellektuelle und literarische Note.

Im Ausland war das deutsche Lügen nicht sehr geschickt. Sie war entweder zu scharfsinnig oder zu ungeschickt. Sie hatten ein breites Feld zu besetzen, da so viele Nationen gegen sie waren. »Einkreisung« war der Hauptaufschrei und im Falle Russlands und Frankreichs die Aggression.

Im Oktober 1914 erklärte Prinz Rupprecht von Bayern, Englands Bestreben sei »seit Jahren darauf gerichtet uns mit einem Ring von Feinden zu umgeben, um uns zu erdrosseln«, und es gab viele ähnliche Erklärungen.

Zur bewussten Einkreisungspolitik gegenüber Großbritannien bemerkt Herr Rudolf Kircher in seinem Buch *Engländer* (1926):

> »Die Persönlichkeit Greys ist der lebende Beweis dafür, dass es eine Einkreisungspolitik als Kriegsziel, wie man sie sich in Deutschland vorstellte, nie gegeben hat. All dies waren phantastische Annahmen, so phantastisch wie die Vorstellung, das deutsche Volk sei reif und bereit für einen Angriff und Kampf um die Weltherrschaft.«

Die deutsche Regierung war wie alle anderen Regierungen schuldlos und den Machenschaften der feindlichen Regierungen ausgeliefert. Sie konnte kein oberstes Ungeheuer darstellen, wie die anderen Seiten den Kaiser, wie es die Alliierten hatten, sondern nur eine Reihe von nicht sehr angesehenen Staatsmännern. In den ersten Tagen der Panik begannen sie mit »einem militärischen Bericht«, dem zufolge am 3. August 1914 »Französische Flieger in der Nähe von Nürnberg Bomben abgeworfen hätten«, und in den Zeitungen erschienen feurige Schlagzeilen. Aber der preußische Minister in München telegrafierte nach Berlin, dass es »keinen Beweis für den Abwurf von Bomben gebe und noch weniger natürlich, dass die Flieger Franzosen waren.« (*Kautsky-*

Dokumente, Nr. 758) Gleichzeitig meldete der Gouverneur von Düsseldorf, dass »achtzig französische Offiziere in der Uniform preußischer Offiziere in zwölf Automobilen vergeblich versucht hatten, die Grenze bei Walbeck zu überqueren«. Diese beiden Berichte wurden von Herrn Jagow, dem Minister für Auswärtige Angelegenheiten, an die Minister in Brüssel und Den Haag telegraphiert, um sie den Regierungen als Verstoß gegen das Völkerrecht zur Kenntnis zu bringen. Beides wurde zweifellos geglaubt, aber keines der beiden Argumente hatte eine Grundlage. Auf der anderen Seite gab es mehrere Fälle der Überschreitung des französischen Territoriums durch deutsche Grenzpatrouillen vor dem 3. August 1914.

Abgesehen von den Absurditäten »Gott strafe England« und »Die Hymne des Hasses« wurde Großbritannien natürlich besonders hervorgehoben. Am 3. September 1914 druckte die *Frankfurter Zeitung* eine Rede von Mr. John Burns, die frei erfunden war. Im Oktober erschien im *New York American* ein Interview mit einem »hochrangigen Vertreter der britischen Regierung«, das sich als völlig falsch herausstellte. Flugzeuge wurden eingesetzt, um auf französischen Schützengräben und Unterkünften Ansichtskarten von zerstörten französischen Kirchen mit der Aufschrift *Wrecked by the English* abzuwerfen. Es gab die üblichen übertriebenen Berichte und verblüffenden Aussagen über die Vorgänge in den feindlichen Ländern, Verzweiflung, Demoralisierung und Panik, Vorwürfe des Missbrauchs der »weißen Flagge«, besonders gegen britische Truppen, und andere »notwendige« Kriegslügen.

Die neutralen Länder erhielten natürlich Propaganda von beiden Seiten. Ein deutscher Film zeigte deutsche Soldaten, die belgische und französische Kinder fütterten, und englische Gefangene, die unter den strengen Augen der preußischen Soldaten mit einem zufriedenen Grinsen arbeiteten. Am 25. November 1914 veröffentlichte die *Norddeutsche Allgemeine Zeitung* als Faksimile die Übersetzung eines Berichts, den General Ducarne am 10. April 1916 an den belgischen Kriegsminister geschrieben hatte und in dem er den Besuch von Oberst Barnardiston im Hinblick auf die Entsendung der Expeditionary Force im Falle eines Krieges zwischen Deutschland und Frankreich darstellt. In der Übersetzung, die in anderen Zeitungen ohne das Faksimile abgedruckt wurde, gab es drei Fehler.

a. Eine Einfügung, die fester Bestandteil des Textes war, lautete wie folgt: »Der Einzug der Briten in Belgien wird erst nach der Verletzung unserer Neutralität durch Deutschland erfolgen.« Dies wurde als Randnotiz dargestellt und in französischer Sprache wiedergegeben, sodass viele Leser es nicht verstehen würden.
b. In der Passage: »He (Colonel Barnardiston) emphasized that our conversation must be absolutely confidential« (»Colonel Barnardiston) betonte, dass unser Gespräch absolut vertraulich sein müsse«), wurde das Wort »Gespräch« von *Abkommen* übersetzt, als ob es ein »Übereinkommen» sei.
c. Das Enddatum im Französischen, »Fin Septembre 1916«, wurde mit »Abgeschlossen September 1906« übersetzt, was den Eindruck erweckt, dass eine »Übereinkunft abgeschlossen« wurde.

Die Fehler, jeder für sich genommen, könnten Nachlässigkeitsfehler gewesen sein, aber alle drei zusammengenommen deuten zweifellos auf einen vorsätzlichen Fälschungsversuch hin. In den ersten Monaten des Krieges brachte das Wolff-Büro einen Bericht in den Zeitungen in Umlauf: »Heute hat ein französischer Arzt, unterstützt von zwei verkleideten französischen Offizieren, versucht, einen Brunnen in Metz mit Pest- und Cholerabazillen zu infizieren; die Verbrecher wurden gefasst und erschossen.« Daraufhin wurde ein offizielles Dementi zu dieser Geschichte herausgegeben.

Der größte Tunnel in Deutschland, in Cochem an der Grenze, wurde Berichten zufolge von einem Gastwirt, Nicolai von Cochem, und seinem Sohn zerstört, die beide erschossen wurden. Die *Rheinisch-Westfälische Zeitung* berichtete, dass nach sorgfältigen Ermittlungen festgestellt wurde, dass Nicolai ein eingebürgerter Deutscher mit französischer Abstammung war, und dass es ein Grund zur Freude war, dass der Verbrecher kein echter Deutscher war. Am nächsten Tag gab der Unterpräfekt von Cochem bekannt, dass an dem angeblichen Komplott nichts dran sei; Nicolai lebe und sei ein hoch angesehener Bürger, während sein Sohn in einem preußischen Regiment diene.

Grausame Lügen gab es in Deutschland ebenso wie hierzulande. Das Ausstechen von Augen scheint dort ebenso beliebt gewesen zu sein wie die belgischen Babys ohne Hände hier.

Im September 1914 erfuhr eine Kölnerin, dass in einem Krankenhaus in Aachen ein ganzes Zimmer für verwundete Soldaten eingerichtet wurde, denen in Belgien die Augen ausgestochen worden waren.

Auf Nachfrage erklärte ein führender Arzt in Aachen, dass es ein solches Zimmer nicht gebe und kein einziger Fall dieser Art beobachtet worden sei. Aber die Geschichte wanderte von Aachen nach Bonn, wo der Chefarzt der Krankenhäuser sie wieder dementieren musste. Dann ging es weiter nach Sigmaringen. Die Weser Zeitung in Bremen griff sie auf und schrieb in ähnlicher Weise über ein Krankenhaus in Berlin. Dies wurde von der Kommandatur der Residenz dementiert. Seinen erreichte es Höhepunkt, als berichtet wurde, dass ein kleiner Junge von zehn Jahren »einen ganzen Eimer voll Soldaten-Augen« gesehen habe.

Die *Zeit in Bild* (11. Januar, Nr. 38) berichtete über einen Priester, der eine Kette um den Hals trug, die aus Ringen bestand, die er von Fingern abgeschnitten hatte.

In einem offiziellen Bericht aus Lüttich, wo dies geschehen sein soll, heißt es, dass es keinen solchen Fall gab.

In der *Kölnischen Volkszeitung* vom 15. September 1914 wurde geschildert, wie eine Kompanie deutscher Soldaten durch ein belgisches Dorf marschierte, als der Pfarrer, der vor der Kirchentür stand, den Hauptmann aufforderte, mit seinen Soldaten einzutreten, »denn es sei gut«, sagte er, »auch in dieser schweren Zeit an den lieben Gott zu denken«. Der Hauptmann nahm die Einladung an. Hinter dem Altar war ein Maschinengewehr versteckt. Als die Kirche voll war, wurde das Maschinengewehr enthüllt und die ganze Kompanie niedergeschossen.

Solche Geschichten (siehe *Der Lügengeist in Völkerkrieg* von Bernard Duhr) wie diese entstanden vor allem aus antikatholischen Vorurteilen. Priester wurden beschuldigt, französische Soldaten in ihren Häusern beherbergt zu haben, was jedoch nicht bewiesen werden konnte. Ein Vorfall, über den es viele und unterschiedliche Versionen gab, war der von Demange, dem Pfarrer von Lagarde. Er soll die Position der deutschen Truppen an den Feind verraten und ein Maschinengewehr in den Turm seiner Kirche eingebaut haben, mit dem er die Deutschen abschießen konnte. Er soll erschossen worden sein, und sein von dreißig Bajonettenwunden durchbohrter Körper konnte vor der Kirchentür von Lagarde entdeckt werden. Die ganze Sache war nicht nur eine Erfindung, sondern es stellte sich heraus, dass Demange, der noch lebte, sich im Widerstand gegen den Feind heldenhaft verhalten hatte und von deutschen Offizieren gelobt worden war.

Die Variationen der Geschichte und ihre Entlarvung als Lüge erschienen in der *Frankfurter Zeitung* (18. September 1914) und in der *Kölnischen Volkszeitung.* (11. Oktober 1914)

Am 31. August 1914 berichtete der Berliner Lokalanzeiger, dass eine Krankenschwester in Amsterdam von einem deutschen Offizier gehört hatte, dass nach der Besetzung von Löwen alles ruhig war. Doch später wurden die Leichen von fünfzig deutschen Soldaten, die von den Mönchen erschossen worden waren, im Keller des Klosters gefunden. Die Insassen wurden daraufhin verhaftet und der Obere erschossen.

Diese Geschichte fand weite Verbreitung, und da sie geeignet war, die religiösen Gefühle zu erschüttern, erteilte General von Bissing ein vollständiges Dementi des Berichts und die Anweisung, dass der Bericht nicht in der Presse verbreitet werden solle (Münster, 6. September 1914). Dennoch wurde die Geschichte in mehrere deutsche Bücher über den Krieg aufgenommen.

Im September 1914 berichtete Unteroffizier Adolf Schmidt in einem Brief an seine Eltern, wie er und seine Truppe von einem französischen Priester zum Kaffee eingeladen wurden. Misstrauend rief er einen Arzt, der den Kaffee untersuchte und feststellte, dass er mit Strychnin versetzt war. Der Priester und sein Koch wurden am nächsten Morgen erschossen (*Schwarzwälder Chronik,* 18. September 1914). Die ganze Geschichte erwies sich als eine Erfindung des Unteroffiziers, der sie zurückzog.

Im April 1915 meldete die *Vossische Zeitung* den Einmarsch der Senussi in Ägypten mit einer Armee von 70000 Mann. Diese Erfindung wurde im *Corriére della Sera* in Italien wiedergegeben und von der britischen Botschaft dementiert.

In einem Brief (26. August 1914) an das *Hamburger Fremdenblatt* wird berichtet, wie die Belgier den deutschen Truppen mit Schießpulver gefüllte Zigarren lieferten, die beim Anzünden blind machten. In einem weiteren Brief an das *Berliner Tagesblatt* (26. August) wird berichtet, dass die Belgier die Briefe der Deutschen mit Narkosepulver füllten.

Am 23. Januar 1915 schilderte die *Kölnische Zeitung* auf grausamste Weise eine Szene an der Ostfront, mithilfe eines Augenzeugen, bei der ein zwölfjähriger Junge mit Nägeln, die durch jeden seiner Finger getrieben wurden, an einen Tisch fixiert worden war. Richter Rosenberg aus Essen griff die Angelegenheit auf und fragte nach dem Namen des Ortes, an dem dies geschehen war. Nach Verzögerungen und Ausweichungen sowie erheblichen Schwierigkeiten, den Urheber der Erzählung ausfindig zu machen, stellte er fest, dass sich der Vorfall in Prostken ereignet hatte. Daraufhin schrieb er an die dortigen Behörden und erhielt am 14. September 1916 die Antwort, dass in diesem Bezirk nichts von einem solchen Vorfall bekannt sei.

Dass es an der Ostfront zu Grausamkeiten und Barbarei kam, steht außer Frage. Aber diese wurden übertrieben, bis die Russen pauschal beschuldigt wurden, den Männern Arme und Beine und den Frauen die Brüste abzuschneiden.

Sowohl im Osten als auch im Westen wurden Geschichten über Gräueltaten ohne Orts- oder Personennamen in Umlauf gebracht. Die folgende Geschichte ist ein Beispiel für die Art von Geschichten, die die deutsche Öffentlichkeit als typisch für die Methoden ihrer Feinde akzeptieren sollte.

Am 29. Oktober 1915 beschrieb die *Kölnische Volkszeitung* den folgenden Vorfall:

> »Nach der Ausrufung des Heiligen Krieges weigerten sich einige britische Askari mohammedanischen Glaubens, gegen die Deutschen in Ostafrika zu kämpfen; daraufhin wurden diese 112 ›Rebellen‹ in Handschellen gelegt, ausgepeitscht und nach Nairobi gebracht, wo sie vom Kriegsgericht zum Erhängen verurteilt wurden. Einige Tage später wurden sie jedoch nicht gehängt, sondern es wurde ein neuer Befehl erlassen, demzufolge die Verurteilten als lebende Zielscheiben für die schwarzen Rekruten bei ihren Gewehrübungen verwendet werden sollten. Eines Morgens im November letzten Jahres wurden zehn dieser Gefangenen an einen Ort südlich von Nairobi gebracht, wo sich einige britische Askaris aufhielten. Die Verurteilten mussten zunächst eine riesige Grube ausheben, in der sie anschließend begraben werden sollten. Dann wurden sie an Händen und Füßen gefesselt, geknebelt und in die Büsche, ins hohe Gras oder auf Bäume gelegt, sodass nur ein kleiner Teil ihres Körpers zu sehen war. Die englischen Offiziere gaben die Anweisungen zum Schießen. In einer Entfernung von 100 bis 300 Schritten schossen die Rekruten auf ihre lebenden Zielscheiben. Diese Übung dauerte den ganzen Vormittag und

Nachmittag, und am Abend wurden zwei Männer tot aufgefunden, und die anderen, die schwer verwundet waren, wurden daraufhin getötet. Die Leichen wurden dann in die Grube geworfen. Diese Schießübung wurde täglich fortgesetzt, bis alle Verurteilten tot waren.«

Ein Engländer, der sich zu Beginn des Krieges in Berlin aufhielt, hörte im Hauptquartier der Internationalen Gewerkschaft immer wieder Diskussionen über die Möglichkeit, die britische Küste zu erreichen und anzugreifen. Es wurde argumentiert, dass ein solcher Angriff das Ansehen Großbritanniens erschüttern würde. Der Engländer vertrat die Ansicht, dass er die Rekrutierung von Soldaten nur erheblich fördern würde.

Als die eigentliche Bombardierung von Hartlepool, Scarborough und Whitby stattfand, berichtete die Morgenpresse in großen Lettern über das Ereignis. »Befestigte Städte Hartlepool, Whitby und Scarborough bombardiert.« Es folgte die Beschreibung des Wolff Telegraph Bureau über die Art der Befestigungen auf dem Hügel von Scarborough und in Whitby. Aus dem Text ging hervor, dass diese Städte aufgrund ihrer Bekanntheit als Festungsstädte für die Bombardierung ausgewählt worden waren. Die Angelegenheit wurde am Tag der Veröffentlichung der Zeitung diskutiert, und die deutschen Gewerkschafter wiesen immer wieder auf die in der Presse enthaltenen Hinweise auf den militärischen Charakter dieser drei Städte hin. Der Engländer beschrieb Hartlepool und Scarborough zutreffend als beliebte Ferienorte britischer Kinder und Whitby als Wallfahrtsort für Besucher aus England und Amerika. Aber er hinterließ keinen Eindruck. Sie waren sehr verärgert und zogen ihre eigene Lüge vor, die in Deutschland allgemein akzeptiert wurde. Unvergessen bleibt, dass die *Daily Mail* mit einer Reihe von Fotos von Babys antwortete.

Eine Lüge, die von keinem Geringeren als dem Außenminister aufgedeckt wurde, muss natürlich festgehalten werden. Sir Edward Grey, der am 25. Mai 1916 im House of Commons sprach, bezog sich auf eine Erklärung des deutschen Bundeskanzlers (Herr von Bethmann-Hollweg) mit den folgenden Worten:

»Ich habe in der Erklärung des deutschen Bundeskanzlers zu den Friedensbedingungen etwas Neues gefunden. Das ist die Erklärung, wie die

Haltung der britischen Regierung in der Zeit der diplomatischen Schwierigkeiten in Bosnien war. Diese Aussage ist, soweit es uns betrifft, unwahr. Der Vorwurf, unsere Haltung zu den Verhandlungen über Bosnien sei kriegerisch gewesen, ist eine Lüge erster Klasse. Die Vorstellung, wir hätten versucht Russland zum Krieg zu drängen und gesagt, dass dieses Land bereit wäre, wegen Bosnien in den Krieg zu ziehen, widerspricht unmittelbar der Wahrheit.«

(b) Frankreich

Was auch immer man an den Franzosen kritisieren mag, man kann ihnen niemals vorwerfen, sie seien Heuchler. Sie haben die große Bedeutung der »Propaganda« erkannt und sind mit gutem Willen ans Werk gegangen. Sie schämen sich weder dessen und versuchen nicht, es zu verbergen. Wir haben unsere Lügen immer mit rechtschaffener Empörung und hoher Moral vermischt und versucht, sie so staatsmännisch und vornehm wie möglich zu gestalten, obwohl die *Kadaver*-Geschichte vielleicht die grausamste und zugleich erfolgreichste Lüge des Krieges war. Die französischen Behörden zeigten sich erfreut und ein englischer Kriegsberichterstatter hat geschildert, wie die französischen Korrespondenten dazu gebracht wurden, Berichte über die Leichenfabrik mit ihrer eigenen Unterschrift einzusenden.

Es sei daran erinnert, dass die französische Regierung in den ereignisreichen Tagen vor dem 4. August 1914 ihre friedliche Gesinnung durch den Rückzug aller Truppen, zehn Kilometer von der Grenze entfernt, erklärte – eine Geste, die hier und in Frankreich als großartig, großmütig und heldenhaft gefeiert wurde. In Wahrheit aber wollten die Franzosen die Kriegserklärung so lange wie möglich hinauszögern, um den Vorbereitungen in Großbritannien und Russland genügend Zeit zu geben. So schreibt ein Franzose darüber:

»Es war offensichtlich, dass unsere Generäle es nicht toleriert hätten, wenn dieser Befehl auch nur im Geringsten den Erfolg unserer Pläne gefährdet hätte. Man kann mit absoluter Sicherheit sagen, dass, wenn es Punkte gab, an denen unsere Truppen zehn Kilometer von der Grenze entfernt bleiben

> konnten, dann dort, wo es nicht ungünstig war, und dort, wo es notwendig war, näher heranzukommen, dann auch näher gekommen wären. In der Tat gab es einige Punkte, an denen sie an der Grenze blieben, und viele, an denen sie laut Herrn Messimy (Kriegsminister) nur vier oder fünf Kilometer zurückgezogen wurden. Außerdem wurde der Befehl am 2. August um 17.30 Uhr, also einen ganzen Tag vor der deutschen Kriegserklärung, unter dem Vorwand unterschlagen, dass drei deutsche Patrouillen am Morgen in unser Gebiet eingedrungen seien.
>
> Zweifelsohne war der zehn Kilometer lange Rückzug nur eine Täuschung, die die Engländer glauben machen sollte, dass es sich bei der französischen Mobilisierung um eine gezielte Mobilisierung handelte.«
>
> (M. Demartial, in *L'Évangile du Quai d'Orsay*, 1926)

Viele der in Großbritannien verbreiteten Lügen stammen von der anderen Seite des Kanals. Die Franzosen waren Meister im Fälschen von Fotografien; Beispiele dafür finden sich im passenden Kapitel. Die Unterstellungen in ihren gnadenlosen Karikaturen hatten auch erheblichen Einfluss auf diejenigen, die die sich von Bildern angesprochen fühlen. Die Lügen in Frankreich waren in vielen Fällen die gleichen wie die, mit denen wir hier versorgt wurden. Aber ihre Methode war umfassender und gründlicher, wie die Enthüllungen in *Behind the Scenes of French Journalism*, von »A French Chief Editor«, zeigen, aus dessen achtem Kapitel die folgenden Auszüge stammen.

> »... Wenn man die Lüge auf ein wissenschaftliches System reduziert, sie dick und schwer aufträgt, sie mit großem Aufwand und ausreichenden Finanzen als reine Wahrheit über die ganze Welt verstreut, kann man ganze Völker auf lange Zeit täuschen und sie zur Schlachtbank treiben für Dinge, an denen sie nicht das geringste Interesse haben. Das haben wir im letzten Krieg zur Genüge gesehen, und wir werden es im nächsten sehen, in dem eine gütige Vorsehung unbeholfen versuchen wird, das Problem der Überbevölkerung zu lösen. Wir haben sofort und sehr richtig festgestellt, dass es genügt, die Massen für den Krieg zu entflammen und, um dem Vorwurf der Kriegsschuld zu entgehen, den Feind als gefährlichen Friedensstörer und schrecklichsten Feind der Menschheit darzustellen.
>
> Wir haben das Verfahren von Lord Northcliffe nicht abgewartet. Wir haben spontan die große Bedeutung erkannt, die öffentliche Meinung für unsere mehr oder weniger gerechte Sache zu begeistern. Bereits drei Tage

nach Ausbruch des Krieges verkündete Viviani ein Gesetz, das noch am selben Tag von der Abgeordnetenkammer und dem Senat verabschiedet wurde, und das als erste Maßnahme einer mächtigen Propaganda den geringen Betrag von fünfundzwanzig Millionen Franken in Gold bereitstellt für die Errichtung von

LE MAISON DE LA PRESSE,

ein riesiges Gebäude in der Rue Francois 3, fünf Stockwerke hoch, ohne das Untergeschoss, in dem sich die Druckereien befinden, und das Erdgeschoss mit seinem großen Sitzungssaal. Ein geschäftiges, lebhaftes Kommen und Gehen wie in einem Bienenstock; ankommende Lastwagen, elegante Autos mit prächtig aussehenden Personen. In den zweihundert Zimmern befinden sich die Werkstätten, Büros, Salons und Empfangsräume, in denen jene kriegsbegeisterten Helden wohnen, deren Mut mit der Entfernung von den Schützengräben wächst. Vom Keller bis zum fünften Stockwerk, das mit einem Glasdach überdacht ist, ist alles der Inbegriff von konzentrierter Propaganda. Im Untergeschoss standen die für den Druck und die Vervielfältigung notwendigen Maschinen, unter dem Glasdach arbeitete die fotochemigrafische Abteilung. Ihre Hauptarbeit bestand darin, Fotografien und Schnitte von Holzfiguren mit abgetrennten Händen, herausgerissenen Zungen, ausgestochenen Augen, zerquetschten Schädeln und entblößten Gehirnen anzufertigen. Die so entstandenen Bilder wurden als unanfechtbare Beweise für deutsche Gräueltaten in alle Teile der Welt geschickt, wo sie die gewünschte Wirkung nicht verfehlten. In denselben Räumen wurden fiktive Fotos von bombardierten französischen und belgischen Kirchen, geschändeten Gräbern und Denkmälern und Szenen von Ruinen und Verwüstung gemacht. Die Inszenierung und Malerei dieser Szenen wurden von den besten Bühnenmalern der Pariser Grand Opéra ausgeführt ... Das Pressehaus war der unermüdliche Geysir, der unaufhörlich falsche Kriegsberichte und erfundene Nachrichten von hinten und vorne, die gemeinsten und brutalsten Verleumdungen der Gegner ausspuckte, die erstaunlichen Erfindungen von Schandtaten, die ihnen zugeschrieben wurden. Das auf diese Weise verbreitete heimtückische, aber wirksame Gift hat eine Menge wohlmeinender, aber ungebildeter Menschen in die Irre geführt und infiziert ... Während des Krieges wurde die Lüge zu einer patriotischen Tugend. Sie wurde uns von der Regierung und dem Zensor aufgezwungen und durch die Gefahr, den Krieg zu verlieren, als Notwendigkeit angesehen; außerdem war die Lüge einträglich und wurde oft öffentlich geehrt. Es wäre sinnlos, den Erfolg der Lüge zu leugnen, die die Presse als

> bestes Mittel für eine weite und schnelle Verbreitung nutzte. Es wurden die größten Anstrengungen unternommen, um jedes Wort der Feinde als Lüge und jede eigene Lüge als absolute Wahrheit abzustempeln. Alles segelte unter der Flagge der ›Propaganda‹.«

Die Bildung der Kinder wurde nicht vernachlässigt. In Le Matin vom 12. November 1915 erschien ein Absatz mit der Überschrift *An die Lehrer.*

> »Alle französischen Schulen müssen eine Sammlung der Karten ›Deutsche Verbrechen‹ besitzen, um den Kindern die Gräueltaten der Barbaren auf ewig einzuprägen. Weiter heißt es, ein namhafter Künstler habe ein Dutzend Kompositionen geschaffen, die sich auf ›die markantesten‹ Episoden der deutschen Verbrechen beziehen. ... ›Lehrer, unterschreibt noch heute und hängt diese Bilder in euren Schulen auf.‹«

Verzerrungen in der Presse waren in Frankreich ebenso üblich wie in anderen Ländern. Bereits am 25. Juli 1914 veranlasste M. Berthelot, M. Poincares ständiger Leiter des Auswärtigen Amtes, in den Zeitungen *Echo de Paris* und *Le Matin* eine stark verzerrte Darstellung der Gespräche zwischen Bienvenu Martin und Baron Schoen über den Pazifik zu veröffentlichen. Die öffentliche Meinung lässt sich in Frankreich viel leichter von der Regierung und der Presse beeinflussen als in diesem Land. Es bestand daher weniger Bedarf an Subtilität, mehr Gelegenheit zur Verschleierung und wenig Angst davor, dass die gröbsten Lügen nicht akzeptiert würden, vorausgesetzt, sie hatten das Gütesiegel einer gewissen Autorität. Außerdem ist man in Frankreich weniger geneigt, die Geschichten und Behauptungen, mit denen man getäuscht wurde, zu überprüfen und ihre Falschheit zu entlarven, jetzt, wo alles vorbei ist. Dennoch ist sich kein Volk der schwachsinnigen Sinnlosigkeit des Krieges und seiner sinnlosen Barbarei so bewusst wie das gemeine Volk in Frankreich.

(c) Die Vereinigten Staaten

In den ersten Kriegsjahren gab es keinen reicheren Boden für Propaganda als die Vereinigten Staaten von Amerika. Die alliierten Mächte und die Mittelmächte konkurrierten hart miteinander. Die deutsche Methode war zunächst zu subtil. Eine drahtlose Nachrichtenagentur, die unter deutscher Kontrolle stand, lieferte zunächst die besten, authentischsten, unvoreingenommensten und bei weitem billigsten Kriegsnachrichten und zog so eine große Zahl von Abonnenten an und versorgte die amerikanische Presse. Im Laufe der Monate begannen sie, ihre Nachrichten auf raffinierte Weise zugunsten der Mittelmächte zu »verzerren«. Aber sie verließen sich zu sehr auf ihre Argumentation. Die groben britischen Methoden waren weitaus erfolgreicher, und die britische Kriegsmission, die (wie Lord Northcliffe in der *Times* vom 16. November 1917 feststellte) 500 Beamte mit 10 000 Assistenten umfasste, leistete intensive Arbeit. Gräueltaten, die alleinige Verantwortung Deutschlands, der verbrecherische Kaiser und all die anderen in Großbritannien begonnenen Erfindungen wurden von amerikanischen Lügnern mit großer Wirkung verbreitet. Das belgische Baby ohne Hände war ein besonderer Favorit. Es gab kaum einen Haushalt, in dem es nicht auf dem gesamten Kontinent thematisiert wurde, und selbst ein so lächerliches Schreckgespenst wie die Betonplattformen für deutsche Geschütze war in Kalifornien in aller Munde. Spionagegeschichten gab es zuhauf, und diejenigen, die darauf drängten, dass Amerika in den Krieg eintrat, produzierten wirkungsvolle Filme. Ein besonders guter Film befasste sich mit dem pazifistischen Geist, der anfangs vorherrschte. Statt ihn zu verhöhnen, wurde der pazifistische Held als edle Figur dargestellt, die sich von der aufgeregten Aufregung, die ihn umgab, abhob. Der Einmarsch einer fremden Armee wurde anschaulich und dramatisch dargestellt. Dörfer wurden niedergebrannt, Frauen verschleppt und verschiedene Grausamkeiten verübt. Der Vertreter einer fremden Macht mit unverkennbar deutschem Antlitz wurde als abscheulicher Bösewicht dargestellt, der in böser Absicht intrigiert und taktiert. Eine besonders schöne Nahaufnahme zeigt ihn in der Galerie des Kongresses, wie er mit mephistophelischer Verschlagenheit mit den Augen rollt. Schließlich erliegt der pazifistische Held, der von seinen patriotischen Gefühlen mitgerissen wird, und unterstützt den Krieg mit Begeisterung. Nachdem Amerika in den Krieg eingetreten war, wurde eine Reihe von (in Hollywood produzierten) »aktuellen Kriegsfilmen« veröffentlicht. Ein riesiges Heer von Rednern und Pamphletisten wurde vom Komitee für öffentliche Information eingesetzt, und das Land wurde mit Literatur überschwemmt, in der die Untaten der Hunnen beschrieben wurden.

Die Tragödie des Untergangs der Lusitania, die natürlich den Wendepunkt darstellte, wurde bis zur äußersten Grenze verzerrt. Gräuelgeschichten und gefälschte Filme wirkten sich vor allem auf die Gefühle der Frauen aus, sodass es nur wenige Tage dauerte, bis das ganze Land umgestimmt war, als die Neutralität aufgegeben und durch »Uncle Sam needs you« ersetzt wurde. Sobald Amerika in den Krieg eingetreten war, wurde die gesamte Propaganda der alliierten Nationen genutzt und noch weiter übertrieben.

Unter den aktiven Patrioten machte John R. Rathom durch seine Artikel im Providence Journal und seine zahlreichen Vorträge auf sich aufmerksam. In den Jahren 1917 und 1918 führte er die Kampagne gegen jeden an, der im Verdacht stand, deutsche Sympathien zu hegen. Seine Spionagegeschichten waren sensationell, und man sagte ihm nach, dass er vom britischen Geheimdienst betreut wurde. Im Februar 1918 veröffentlichte er eine Reihe von Artikeln mit dem Titel *Deutschlands Komplott aufgedeckt*, als die *New York World* sie einstellte, da sie misstrauisch war und glaubte, die Artikel seien gefälscht. 1920 wurde er von Franklin D. Roosevelt wegen der Verbreitung falscher und verleumderischer Schriften angeklagt, und im Laufe der Untersuchung gab er zu, dass er sich »frei auf seine Phantasie stützte«. Er wurde schließlich völlig diskreditiert, aber erst nachdem *Rathomania* in der entscheidenden Zeit einen beachtlichen Erfolg erzielt hatte.

Einige Lügen, die hier kaum bekannt waren, scheinen erfolgreich in Umlauf gebracht und in Amerika aufgeschnappt worden zu sein, wie zum Beispiel: vergiftete Zuckersüßigkeiten, die von deutschen Flugzeugen zum Verzehr für Kinder abgeworfen wurden; die Schändung von Nonnen in belgischen Klöstern; das Abschneiden der Ohren eines Geistlichen durch Ulanen; und die deutsche Vergöttlichung Hindenburgs durch die Hymne »Hindenburg ist unser Gott« (jemand mit unzureichenden Deutschkenntnissen oder einem unzureichenden Gehör für die deutsche Sprache hat Luthers Hymne »Ein feste Burg ist unser Gott« gehört). Die Verfolgung der Deutschen und alles Deutschen wurde mit Eifer betrieben; Wagner wurde mit Sousa verglichen, die

Gefahr von Sauerkraut hervorgehoben und »Junggesellenknöpfe« aus den Gärten ausgegraben, da sie eine deutsche Nationalblume seien. Die Raserei, mit der die Propaganda in Amerika betrieben wurde, übertraf alles, was wir hier erlebt haben. Da Amerika ein Land der Extreme ist, müssen Farbe und Betonung eine außergewöhnlich hohe Intensität erreichen, bevor jemand davon Notiz nimmt.

Im Oktober 1918, nachdem einige der Lügen ein absolutes Maß an Absurdität erreicht hatten, genehmigten General Pershing und das Kriegsministerium der Vereinigten Staaten die Veröffentlichung des folgenden Überseetelegramms:

»In einer kürzlich hier eingegangenen Zeitung aus St. Louis (Missouri) wird berichtet, dass ein Feldwebel, einer von fünfzig Männern, die im Zusammenhang mit der Liberty Loan-Kampagne zurückgeschickt wurden, Reden hält, in denen er erklärt: ›Die Deutschen geben den Kindern vergiftete Süßigkeiten zu essen und Handgranaten, mit denen sie spielen können. Sie erfreuen sich an den sterbenden Zuckungen der Kinder und lachen laut, wenn die Granaten explodieren. Ich habe gesehen, wie ein amerikanischer Junge, etwa siebzehn Jahre alt, der von den Deutschen gefangen genommen worden war, in unsere Gräben zurückkam. Er hatte Watte in und um seine Ohren. Ich fragte jemanden, wofür die Watte sei.

Die Deutschen haben ihm die Ohren abgeschnitten und ihn zurückgeschickt, um uns zu sagen, dass sie die Menschen bekämpfen wollen‹, lautete die Antwort. ›Sie ernähren die Amerikaner mit Tuberkuloseerregern.‹ Da es für solche Aussagen keinerlei sachliche Grundlage gibt, die auf unseren Erfahrungen beruht, empfehle ich, dass dieser Feldwebel, falls die oben zitierten Aussagen von ihm gemacht wurden, sofort zum Dienst zurückgeschickt wird und dass den Aussagen widersprochen wird.

Pershing«

Die amerikanische Version der Kreuzigungsgeschichte geht auf die folgende Aussage eines amerikanischen Soldaten zurück:

»Am 23. Oktober 1918 marschierte unsere Einheit, die Fünfte Marineinfanterie, Zweite Division, in Suippes ein, das nördlich von Chalons und westlich des Argonnenwaldes liegt, das gerade von den Deutschen evaku-

> iert worden war. Dort fanden wir ein nacktes Mädchen an ein Scheunentor genagelt. Außerdem war etwa die Hälfte der Särge auf dem Friedhof des Dorfes aus den Gräbern gerissen und geöffnet worden, offenbar in der Absicht, sie zu plündern.«

Als der Soldat aufgefordert wurde, genauere Angaben zu machen, verwies er auf die Nummer der *Pittsburg Sunday Post* vom 2. Februar 1919, in der eine Beschreibung des angeblichen Vorfalls, begleitet von Zeichnungen – nicht von Fotos –, wiedergegeben wurde.

Die Angelegenheit wurde dem Deutschen Staatsarchiv vorgelegt, das am 27. September 1924 feststellte:

> »Während des Jahres 1918 befanden sich keine Deutschen in Suippes und nordöstlich von Chalons. Die deutsche Front verlief, insbesondere im Oktober 1918, nördlich von Souain. Dieses Dorf war im Besitz der Franzosen und das Dorf Suippes liegt sieben Kilometer südlich von dort.«

Ein katholischer Geistlicher in Suippes antwortete auf eine Anfrage vom 18. Februar 1925 Folgendes:

> »Ihr amerikanischer Soldat kann nicht gesehen haben, dass ein junges Mädchen gekreuzigt worden ist, denn von dieser Geschichte ist hier nichts bekannt. Dass Gräber geschändet wurden, ist möglich, aber nicht auf dem Friedhof von Suippes.«

Obwohl General March in Washington die Geschichte dementierte, wurde sie als Grundlage für ein Kriegspropagandadrama verwendet, das von Präsident Wilson abgesegnet wurde (*Duty to Civilization*, Francis Nielsen).

Abscheuliche Grausamkeiten, die den deutschen U-Boot-Kommandanten zugeschrieben wurden, fanden ebenfalls weite Verbreitung. Im April 1923 erklärte Admiral Sims in der *New York Tribune*:

> »Es gibt keinen authentischen Bericht über Grausamkeiten, die jemals vom Kommandanten oder der Besatzung eines deutschen U-Bootes begangen sein sollen.

Die Presse berichtet über Grausamkeiten, die ausschließlich Propagandazwecken dienten.«

Die Spuren der Flut von Unwahrheiten sind auch heute noch in den unwissenden Teilen der Bevölkerung vorzufinden. Aber viel größer ist der Groll der Enttäuschten, die jetzt den Morast der Unwahrheit erkennen, aus dem das ganze Kriegsfieber entsprungen ist.

Herr Kirby Page fasste die Aktivitäten des Ausschusses für Öffentlichkeitsarbeit zusammen:

»Eine Untersuchung all dieser Propaganda offenbart die Übertreibungen und Falschdarstellungen, denen die amerikanische Öffentlichkeit ausgesetzt war ... Jede Regierung plante systematisch, ihr eigenes Volk zu täuschen, und überall herrschte eine strenge Zensur.«

Ein interessanter Band über die Technik der Propaganda wurde kürzlich von Professor Lasswell aus Chicago (*Propaganda Technique in the World War,* Harold D. Lasswell) veröffentlicht, aus dem die folgende Passage zitiert werden soll:

»Die psychologischen Widerstände gegen den Krieg sind in modernen Nationen so groß, dass jeder Krieg als Verteidigungskrieg gegen einen bedrohlichen, mörderischen Angreifer erscheinen muss. Es darf keine Zweideutigkeit darüber geben, wen die Öffentlichkeit hassen soll. Der Krieg darf nicht auf ein Weltsystem zur Regelung internationaler Angelegenheiten zurückzuführen sein, auch nicht auf die Dummheit oder Bösartigkeit aller regierenden Klassen, sondern auf die Raffgier des Feindes. Schuld und Arglosigkeit müssen geographisch bewertet werden, und die ganze Schuld muss auf der anderen Seite der Grenze liegen. Wenn der Propagandist den Hass des Volkes mobilisieren will, muss er dafür sorgen, dass alles in Umlauf gebracht wird, was die alleinige Verantwortung des Feindes begründet.«

George Creel war in den Vereinigten Staaten das Pendant zu Lord Northcliffe. Sein Büro wurde durch öffentliche Gelder subventioniert, und in dem Buch, in dem er über die erstaunlichen Aktivitäten berichtet, gibt er eine Vorstellung von dem Bereich, den er abdeckt, wenn er sagt: »Der Dienst kostete die Steuerzahler 4 912 553 Dollar und brachte 2 825 670,23 Dollar ein, die für die Ausgaben verwendet werden.« (*How We AdllerJiJed America*, George Creel)

(d) Italien

Die Propaganda in Italien nahm eine etwas andere Form an. Die Aufgabe der Regierung war es, eine Politik zu formulieren, die den Kriegseintritt Italiens rechtfertigen und dem Volk einen konkreten Nutzen versprechen sollte. Daher wurden zwar bestimmte Gräuelgeschichten wie das belgische Baby ohne Hände in Umlauf gebracht, um weniger moralische Empörung zu wecken, sondern um vielmehr den politischen Ehrgeiz zu befriedigen.

Die Zukunft Dalmatiens stand im Mittelpunkt des Interesses. Um dieses Thema herum haben die Regierung und die Presse eine große Kampagne der Unwahrheit begonnen.

Mazzini sagte einmal: »Istrien gehört uns, es ist notwendig für Italien so wie die Häfen (porti) von Dalmatien für die Südslawen.«

Mazzinis Name zählte, und dieser Ausspruch wurde in der Zeitung von Baron Sonino, dem *Giornale d'Ltalia* (2. März 1918), wiedergegeben: »Istrien gehört uns; es ist für Italien notwendig, so wie die Forts (Festungen) von Dalmatien für Süditalien notwendig sind.«

Als man im Plenarsaal auf die Unrichtigkeit dieser Aussage hinwies, wurde geantwortet, dass es sich um »einen Fehler des Druckers« handele.

Nicolo Tomasso, ein Patriot dalmatinischer Herkunft, der bis zu seinem Tod im Jahr 1873 für eine südslawische Konföderation eintrat, wurde ebenfalls, ohne den geringsten Nachweis, unterstellt die Annexion Dalmatiens durch Italien zu befürworten.

Eine noch lächerlichere Erfindung war die Veröffentlichung eines langen Briefes von keinem Geringeren als Abraham Lincoln in einer Mailänder Zeitung, der angeblich 1853 geschrieben worden war und in dem der amerikanische Präsident Italien die gesamte Ostküste der Adria sowie Korsika und Malta zuwies. Mazzini, der bei der Lektüre zu Tränen gerührt war, hatte den Brief eigenhändig übersetzt, und Carducci und de Amicis hatten ihre Bewunderung dafür zum Ausdruck gebracht. Es schien merkwürdig, dass man nie zuvor von einem so bedeutenden Dokument gehört hatte. Doch leider benutzte Abraham Lincoln bei der Festlegung der verschiedenen Gebiete, die Italien zugesprochen werden sollten, die Ausdrücke »Venezia Tridentina« und »Venezia Giulia«, Bezeichnungen, die 1866 zum ersten Mal verwendet wurden und sich erst in den folgenden Jahren langsam durchsetzten. Das Schreiben wurde später als plumpe Fälschung verurteilt (*Dal Patto di Londra alla Pace di Rama*, Gaetano Salvemini).

Im Jahr 1918 erschien in der *Rassegna Italiana* ein Artikel, in dem zahlreiche berühmte Italiener aus der frühen Römischen Zeit zitiert wurden, die sich dafür aussprachen, dass Dalmatien ein integraler Bestandteil Italiens werden sollte. Eine sorgfältige Recherche in den Schriften aller genannten Persönlichkeiten ergab, dass sie sich ausnahmslos im genau entgegengesetzten Sinne geäußert hatten.

Einmal stand vor einer Versammlung, die für die Annexion Dalmatiens einberufen worden war, ein beeindruckender alter Mann mit weißem Bart, der unter Tränen erzählte, wie er von den Dalmatinern verfolgt worden war. In Wirklichkeit kam er aus Rom.

Am 8. Oktober 1916 veröffentlichte die *Stampa* von Turin eine Erklärung aus Lugano, die angeblich von anti-italienischen Jugo-Slawen verfasst wurde, mit folgendem Inhalt:

> »Der gegenwärtige Krieg zeigt, dass die Kleinstaaten kein unabhängiges Leben führen können, ohne sich großen Gefahren für ihre nationale Existenz auszusetzen. Deshalb erkennen die Jugoslawen, dass es unmöglich ist, ein unabhängiges serbisches Königreich zu bilden, das alle jugoslawischen Gebiete umfasst. Sie wünschen, dass die Vereinigung der slawischen Gebiete in dreifacher Form erfolgt, nämlich dass die slawischen Länder in die österreichisch-ungarische Monarchie einbezogen werden, mit den gleichen Rechten und Pflichten und in der gleichen Lage wie Ungarn.
>
> Damit sollte die anti-jugoslawische Stimmung geschürt und Baron Soninos Politik der Beibehaltung Österreich-Ungarns als Bundesstaat unterstützt werden. Das Dokument war eine Fälschung, wurde aber in ganz Italien vervielfältigt. *L'Unita* forderte die *Stampa* auf, die Quelle ihrer Informationen bekannt zu geben, aber es wurde nie eine Antwort gegeben.«
>
> (*La Questione dell'.Adriatico*, von Maranelli and Salvemini)

Aus den verschiedenen Bezirken Dalmatiens wurde eine Reihe von Telegrammen an den Ministerpräsidenten gesandt, in denen der Anschluss Dalmatiens an Italien gefordert wurde. Alle diese Telegramme wurden auf Anweisung der italienischen Militärbehörden verschickt. Die tatsächlichen Befehle wurden später aufgedeckt und veröffentlicht, in denen darauf gedrängt wurde, Telegramme zu versenden, die »den sehnlichen Wunsch der Bevölkerung nach einem Anschluss an Italien zum Ausdruck bringen«.

Die slawophobe Meinung wurde mit allen Mitteln gefördert. Baron Sonino zum Beispiel erklärte im März 1918 durch seine Instanzen, dass es unmöglich sei, sich mit den Jugoslawen in Bezug auf den Londoner Pakt zu arrangieren, weil diese nicht nur Dalmatien, sondern auch Pola, Triest und Udine beanspruchten. Pashitch hatte ihm sogar ausdrücklich zugesichert, dass diese Gebiete im Besitz Italiens bleiben sollten.

Ein gutes Beispiel für eine Kehrtwende der Presse unter dem Druck der Regierung sind zwei Auszüge aus dem *Popolo d'Italia*, die zeigen, wie die Presse dazu benutzt wurde, die öffentliche Meinung zu lenken und einem Volk zu sagen, dass es ein anderes Volk hassen oder lieben soll.

VOR DER RUMÄNISCHEN KRIEGSERKLÄRUNG

> »Man muss endlich aufhören, die Rumänen als unser Schwestervolk zu bezeichnen. Sie sind gar keine Römer, sosehr sie sich auch mit dieser edlen Bezeichnung schmücken. Sie sind eine Mischung zwischen den barbarischen Ureinwohnern, die von den Römern unterworfen wurden, und Slawen, Tschasaren, Awaren, Tataren, Mongolen, Hunnen und Türken, und so kann man sich leicht vorstellen, was für eine Bande von Schurken aus einem solchen Ursprung hervorgegangen ist. Der Rumäne ist heute noch ein Barbar und ein Mensch von sehr geringem Wert, der unter dem allgemeinen Spott der Franzosen den Pariser nachahmt. Er ist froh genug in schlammigen Gewässern zu fischen, wo es keine der Gefahren gibt, die er so weit wie möglich zu vermeiden sucht, wie er bereits 1913 gezeigt hat.«

Die gleiche Zeitung schrieb nach der *Kriegserklärung*:

»Die Rumänen haben nun auf eindrucksvolle Weise bewiesen, dass sie würdige Söhne der alten Römer sind, von denen sie, wie wir, abstammen. Sie sind also unsere nächsten Brüder, die jetzt mit dem Mut und der Entschlossenheit, die ihre besonderen Eigenschaften sind, am Kampf der lateinischen und slawischen Rasse gegen die deutsche Rasse teilnehmen ... Nichts anderes kann man von einem Volk erwarten, das die Ehre hat, zu der lateinischen Rasse zu gehören, die einst die Welt beherrschte.«

Vor der italienischen Intervention war die Presse in Italien, wie man sich vorstellen kann, ein Sammelsurium von widersprüchlichen Berichten der Kriegsparteien auf beiden Seiten, von Anklagen, Gegenklagen, Anschuldigungen und Dementis von Gräueltaten, von Schreckensmeldungen, Spionagegeschichten und allen nur denkbaren »Nachrichten«, die nicht nur aus Großbritannien, Frankreich, Russland und den Mittelmächten, sondern auch aus den Fabriken für reißerische und sensationelle Berichte auf dem Balkan durchsickerten.

Völlig unzuverlässige und widersprüchliche Berichte wurden Tag für Tag über die Behandlung von Kardinal Mercier veröffentlicht. Die päpstlichen Behörden mussten die Existenz einer telegrafischen Funkstation im Vatikan dementieren. Für große Aufregung sorgte die Meldung über die Existenz einer geheimen Bombenfabrik in einer von Benediktinern geleiteten internationalen Schule auf dem Aventin, die sich bei einer polizeilichen Untersuchung als unbegründet herausstellte (Corriére de/la Sera, 11. Mai 1915). Eine Mailänder Abendzeitung berichtete, dass deutsche Spione von Carabinieri beim Anfertigen von Karten auf den Bahngleisen entdeckt und verhaftet worden seien. Es stellte sich heraus, dass es sich um Mailänder Bürger handelte, die eine Kamera testeten, und sie wurden sofort freigelassen.

Presseerklärungen, wonach die französische Bereitschaft, mit Deutschland zu verhandeln, durch britische Repressaliendrohungen verhindert worden sei (Januar 1915), mussten von der britischen und französischen Botschaft in Rom dementiert werden.

Ein gutes Beispiel für Unterschlagung, die zu Unwahrheiten führt, findet sich in einem verstümmelten Bericht über eine parlamentarische Anfrage im April 1915.

Herr Bundeskanzler fragte den Unterstaatssekretär für Krieg:

»Ob es amtliche Informationen darüber gibt, dass zweihundert Mann eines Kavallerieregiments nach einer Typhusimpfung schwer an den Symptomen einer Blutvergiftung erkrankt sind; wenn ja, ob zwei oder drei von ihnen gestorben sind; ob die beiden Ärzte, die die Impfung durchgeführt haben, nach einer Untersuchung als Österreicher eingestuft, vor ein Kriegsgericht gestellt und zu Strafarbeit verurteilt wurden ...«

Mr. Tennant antwortete:

»Es gibt keine offiziellen Informationen, die in irgendeiner Weise mit den Aussagen in den ersten drei Teilen der Frage übereinstimmen. Niemand hat von den österreichischen Ärzten gehört, die zu einer Strafhaft verurteilt worden sind.«

Die Frage ohne das kategorische offizielle Dementi der Geschichte wurde als Erklärung im *Corriére della Sera* vom 18. April wiedergegeben, natürlich mit dem Ziel, anti-österreichische Gefühle zu schüren.

Jeder Bericht über den möglichen Verbleib Italiens auf der einen Seite wurde von der anderen Seite entschieden dementiert, und ständig tauchten verschiedene Vorschläge für Bestechungsgelder in Form von Territorien auf. Falsche Meldungen über Gefechte und Vorbereitungen auf dem Balkan und anderswo trugen dazu bei, die Gemüter des bedauernswerten italienischen Volkes in völliger Verwirrung zu halten.

Nachbemerkung

Kriegslügen aus Russland, dem Balkan und anderen Teilen der Welt sind leider für den Sammler nicht erreichbar gewesen. Einige von ihnen mögen zwar reißerischer und phantastischer gewesen sein, doch würden sie, bei einer Aufzählung, kaum dazu dienen, die Widerwärtigkeit der Ströme von Lügen zu mildern, die in den großen zivilisierten christlichen Nationen der Welt ihren Ursprung haben.

Braucht es noch mehr Beweise dafür, dass der internationale Krieg ein aus Heuchelei geborenes Ungeheuer ist, das sich von Falschheit nährt, das mit Humbug gemästet und durch Aberglauben am Leben erhalten wird, das auf den Tod und die Folterung von Millionen gerichtet ist, das keinen hohen Zweck erfüllt und die Menschheit erniedrigt, das die Zivilisation gefährdet und in seinem Gefolge eine grässliche Brut aus Zwietracht, Konflikt und Krieg, noch mehr Krieg, hervorbringt?

Dennoch zögern die Staatsmänner noch immer, das Schwert ihres Verstandes zu ziehen, um das Ungeheuer zu vernichten.